AF608419

Christina Müller | Falk Bodenhausen

Bewegtes Lernen im Fach Gemeinschaftskunde | Recht | Wirtschaft

Klassen 7 bis 10/12

Didaktisch-methodische Anregungen

2., neu bearbeitete und erweiterte Auflage

Onlineversion
Nomos eLibrary

Die Deutsche Nationalbibliothek verzeichnet diese Publikation in der Deutschen Nationalbibliografie; detaillierte bibliografische Daten sind im Internet über http://dnb.d-nb.de abrufbar.

ISBN 978-3-89665-882-1 (Print)

ISBN 978-3-89665-883-8 (ePDF)

2. Auflage 2020

Besuchen Sie uns im Internet
www.academia-verlag.de

Inhaltsverzeichnis Gemeinschaftskunde/Recht/Wirtschaft Klassenstufen 7 bis 10 bzw. bis 12 (Gym.)

Unser Dank gilt folgenden Wissenschaftlern und Lehrkräften, die mit ihren Ideen und fachlichen Ratschlägen die Überarbeitung der Beispiele unterstützten:

Herr Dr. Dieter Koop,	Fachdidaktiker (Gemeinschaftskunde) an der Universität Leipzig, Institut für Politikwissenschaften
Frau Nina Soujon	Fachdidaktikerin (Gemeinschaftskunde) an der Universität Leipzig, Institut für Politikwissenschaften
Frau Kerstin Pfützner,	Humboldt-Gymnasium Radeberg (Projektschule „Bewegte Schule“)
Frau Birgit Maul,	Mittelschule Tharandt (Projektschule „Bewegte Schule“)
Herr Jörg Herrmann,	Mittelschule Wiesa (Projektschule „Bewegte Schule“ 2000-2003)
Frau Petra Kutschke,	Förderschule (L) Großenhain (Projektschule „Bewegte Schule“)
Frau Kerstin Franik,	Förderschule (L) Flöha (Projektschule „Bewegte Schule“)
Frau Beate Schulz-Bode,	Karl-Möbius-Gymnasium Eilenburg

Unser Dank gilt auch weiteren Lehrkräften für Gemeinschaftskunde an sächsischen Schulen, die uns bei der Überarbeitung zur 2. Auflage unterstützt haben – ebenso den (ehemaligen) Studierenden Dominika Pawleta, Julian Nußbaum sowie Kristian Sieber.

Anmerkung:
Männliche Personenbezeichnungen (Lehrer, Schüler) gelten in diesen didaktisch-methodischen Anregungen gleichermaßen für Personen weiblichen Geschlechts.

Bewegtes Lernen als Teilbereich einer bewegten Schule

Kinder und Jugendliche brauchen Bewegung, um sich in ihrer Gesamtpersönlichkeit harmonisch entwickeln zu können. Bewegung ist das Medium, die Umwelt zu erkennen und zu gestalten (Grupe, 1982, S. 72). Durch Bewegung nehmen die Heranwachsenden ihre Umwelt differenzierter wahr und sammeln vielfältige Erfahrungen. Bewegung unterstützt das kognitive Lernen durch eine verbesserte Konzentrationsfähigkeit, die Schaffung eines zusätzlichen Informationszugangs über den „Bewegungssinn" sowie die Optimierung der Informationsverarbeitung. Bewegungssituationen bieten für Schülergruppen vielfältige soziale Lernmöglichkeiten, bei denen die Wechselseitigkeit von Geben und Nehmen ausgewogen realisiert wird. Des Weiteren besteht ein Zusammenhang zwischen als befriedigend erfahrenen Bewegungshandlungen und positivem emotionalen Erleben. Bewegung kann einmal aktivieren, hat aber auch eine beruhigende und stressabbauende Wirkung. Dadurch werden Gesundheit und Wohlbefinden gefördert. Bewegung ist eine Voraussetzung für die motorische und gesunde körperliche Entwicklung. Durch Bewegungssicherheit kann die Unfallhäufigkeit gesenkt werden. Die Erprobung von Bewegungsabläufen, eine realistische Selbsteinschätzung und das Erleben eigenen Könnens, aber auch eigener Grenzen, tragen wesentlich zu einer befriedigenden Selbsterfahrung bei. (Müller, 2010, S. 20-30)

Kinder und Jugendliche haben aber zu wenig Bewegung, denn sie sind in Abhängigkeit von ihren individuellen Bedingungen von einer zunehmend von Bewegungseinschränkungen charakterisierten Welt umgeben. Als zentrale Stichworte können gelten: Einengung und Spielfeindlichkeit der Bewegungsräume, Dominanz bewegungsarmer Freizeittätigkeiten, Tendenz zur „Verhäuslichung" und damit Rückzug aus dem Bewegungsraum Natur u. a. Der Zustand dauernder Bewegungsunterdrückung wird noch verstärkt durch einen den Schulalltag häufig bestimmenden typischen „Sitzunterricht". Folgen sind zunehmende gesundheitliche Schwächen und Schäden (Haltungsschwächen u. a.), Konzentrationsschwäche, Hyperaktivität, Auffälligkeiten im Arbeits- und Sozialverhalten, erhöhte Aggressivität, eingeschränkte Leistungsfähigkeit, Unfallhäufigkeiten. (Müller, 2010, S. 31-34)

Ansätze zur Problemlösung zu finden, ist ein gesamtgesellschaftliches Anliegen, in das sich unterschiedliche Ebenen einzubringen haben. Schule sollte insgesamt den Bewegungsaktivitäten der Kinder und Jugendlichen mehr Raum bieten und konsequent ein Lernen mit allen Sinnen, also auch dem Bewegungssinn, ermöglichen. Deshalb muss Schule in diesem Sinne zu einer **bewegten Schule** werden. Folgende Bereiche einer bewegten Schule können ausdifferenziert werden (Müller & Petzold, 2014, S. 36):

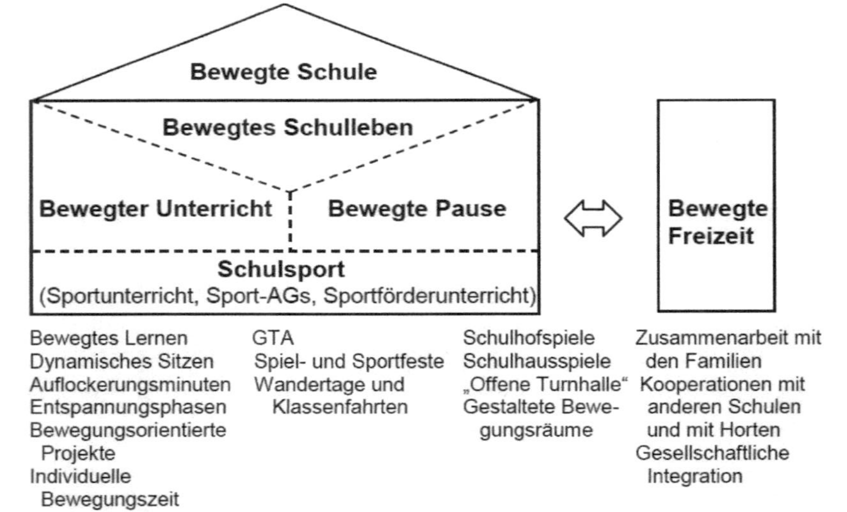

Die vorliegenden didaktisch-methodischen Anregungen beziehen sich auf den Teilbereich bewegtes Lernen, der in einen bewegten Unterricht eingeordnet werden kann. Verbindungen zu anderen Bereichen werden angedeutet. Die einzelnen Karteikarten können herausgetrennt und den jeweiligen Unterrichtsstunden zugeordnet werden.

Zusätzliche Informationszugänge durch Bewegung

Als Lernkanäle werden hauptsächlich der akustische und der optische Analysator genutzt. Über den Bewegungssinn (kinästhetischer Analysator), dessen Rezeptoren über den gesamten Körper verteilt in den Muskeln, Sehnen, Bändern und Gelenken liegen, kann der Schüler zusätzlich Informationen zum Lerngegenstand erhalten. Diese Informationen erfolgen also nicht über die Umwelt, sondern über den Körper und die eigene Bewegung. (Müller, 2010, S. 54) Der Lernprozess im Fach Gemeinschaftskunde kann über folgende Möglichkeiten Unterstützung erfahren:

Zuordnungen können über den Bewegungssinn wahrgenommen werden (s. 4.7 „Geldstrahl"). Wirtschaftliche, soziale und politische Zusammenhänge lassen sich durch Bewegungshandlungen begreifen (s. 2.16 „Ich gehe wählen!). Politische Situationen im Alltag und rechtlichen Erfahrungsbereich können durch Mimik, Gestik und Körpersprache ausgedrückt (s. 2.14 „Pantomime") oder szenisch gestaltet werden (s. 1.3 „Eltern-Kind-Gespräch"). Das öffentlich-politische Leben sollte in Verbindung mit Bewegungsaktivitäten mitgestaltet werden (s. 1.4 „Schülervertreter"). Des Weiteren bieten sich Bewegungsformen auch an um sich durch Unterrichtsgänge den politisch-rechtlichen Alltag zu erschließen (s. 4.9 „Besuch bei einem Unternehmen").

Alle aufgeführten Möglichkeiten geben dem Schüler zusätzliche Informationen über den Lerngegenstand und unterstützen damit den Lernprozess.

Darüber hinaus fördert diese Art des Unterrichts die Motivation. Der Schüler erhält die Möglichkeit, sich in seinem Tun und Lernen voll zu entfalten. Der Lernprozess erfolgt nicht nur mündlich und schriftlich, sondern auch über die körperliche Darstellung. Lernprozesse, die unter Mitwirkung von Bewegung entstehen, erfolgen meist durch Zusammenarbeit mehrerer Schüler. Gruppenbilder müssen abgesprochen, Arbeitsschritte gemeinsam geplant werden. Dies fördert auch die Sozialkompetenz.

Zusätzlicher Informationszugang	**Beispiele**	
Zuordnungen über Bewegung *wahrnehmen und erleben*	1.8 Mediennutzung 2.2 Ich weiß bereits, dass ... 2.4 Wer ist wer? 2.6 Wer hat welche Aufgaben? 2.7 Stadt – Land	2.8 Wie kann ich mich politisch beteiligen? 4.7 Geldstrahl 5.1 Länder der EU 5.3 Arm oder reich?
wirtschaftliche, soziale und politische Zusammenhänge durch Bewegungshandlungen *begreifen*	2.16 Ich gehe wählen! 4.2 Angebot und Nachfrage	4.3 Konjunkturzyklus 4.4 Preisbildung 4.6 Arbeitsteilung
politische Situationen im Alltag durch Mimik, Gestik sowie Körpersprache *ausdrücken und mitteilen*	2.14 Pantomime 2.17 Wahlgrundsätze	6.2 „Einfrieren“
Szenen aus dem politischen und rechtlichen Erfahrungsraum *darstellen*	1.3 Eltern-Kind-Gespräch 2.9 Partizipationsmöglichkeiten 2.21 Radiosendung 3.1 Gerichtsverhandlung 4.5 Ich habe das Recht ...	4.11 Diskussionsforum 5.6 Wie werden Konflikte bewältigt? 6.3 Nachspielen von politischen Situationen
öffentlich-politisches Leben über Bewegungsaktivitäten *mitgestalten und verändern*	1.4 Schülervertreter	1.7 Aktiv mitgestalten
durch Unterrichtsgänge sich den politisch-rechtlichen Alltag *erschließen*	1.6 Rathauserkundung	4.9 Besuch bei einem Unternehmen

Optimierung der Informationsverarbeitung durch Bewegung

Schule ist traditionell eine „Sitzschule". Lernen scheint vorrangig nur im ruhigen Sitzen möglich. Dabei wurden bereits vor mehr als 2000 Jahren die Schüler von Aristoteles in Wandelhallen unterrichtet (Seele, 2012, S. 16), Mönche promenierten bei geistigen Gesprächen durch die Klostergänge und in früheren Zeiten schrieben Dichter und Gelehrte, wie z. B. J. W. v. Goethe, an Stehpulten und schritten beim Nachdenken im Zimmer auf und ab (Breithecker u. a., 1996, S. 24). Lehrer pflegen auch heute weniger im Sitzen zu arbeiten, sondern sie gehen durch den Unterrichtsraum. Nur die Schüler sollen noch zu häufig beim „Stillsitzen" lernen. Dabei weisen Untersuchungen zu Grundgrößen der Informationsverarbeitung (bei Erwachsenen) nach, dass bereits geringe fahrradergometrische Belastungen die Gehirndurchblutung anregen und dadurch die kognitive Leistungsfähigkeit, insbesondere die Kurzspeicherkapazität und die Lerngeschwindigkeit, ansteigt (Lehr & Fischer, 1994, S. 182). Überwinden wir unsere pädagogischen Gewohnheiten und ermöglichen den Schülern, Lernen mit Bewegung zu verbinden. Zur Optimierung der Informationsverarbeitung reichen bereits Bewegungen mit geringer Intensität aus. (Müller, 2010, S. 67) Die nachfolgende Beispiele basieren auf diesen theoretischen Positionen, z. B. das Entscheiden über Zustimmung oder Ablehnung zu Sachverhalten mittels Bewegung (s. 3.2 „Welche Rechte … ?"). Beim Zuwerfen eines Balles kann fachliches Grundwissen gefestigt werden (s. 2.10 „Welche Grundrechte gibt es?"). Beim Gehen durch den Raum besteht die Möglichkeit, eigene und Positionen darzulegen (s. 4.10 „Was meinst du?") oder Aufgaben zu lösen (s. 2.11 „Grundrechte"). Des Weiteren können Informationen zu Erscheinungen in der Gesellschaft eingeholt (s. 4.8 „Soziales Netz") oder Faktenwissen eingeprägt werden (s. 2.1 „Ich merke mir ..."). Gelernt werden sollte auch beim Wechseln der Plätze (s. 6.5 „Was fehlt?") oder in unterschiedlichen Arbeitshaltungen (s. 6.8 „Diskutieren - einmal anders!"). Solche und weitere Übungen können als Erweiterung traditioneller Formen des Unterrichtens eingeordnet werden. Neben der verbesserten Sauerstoffversorgung des Gehirns tragen psychische Komponenten (nicht mehr still sitzen zu müssen sowie die Motivationserhöhung durch eigene Aktivität) dazu bei, das Lernen zu erleichtern und eine Schule zu gestalten, die wirklich vom Schüler (und seinem Bewegungsbedürfnis) ausgeht.

Optimierung der Informationsverarbeitung	**Beispiele**	
durch Bewegung Zustimmung oder Ablehnung zu politischen und rechtlichen Sachverhalten signalisieren	3.2 Welche Rechte habe ich schon?	
beim Zuwerfen eines Balles fachliches Grundwissen erklären und festigen	2.10 Welche Grundrechte gibt es?	
beim Gehen (durch den Raum)		
- eigene Erfahrungen und Positionen darlegen und begründen	1.5 Reporter 4.10 Was meinst du?	6.7 Argumentieren in der Sprechmühle 6.9 Meine Meinung ist ...
- Aufgaben lösen	2.3 Welcher Minister bin ich? 2.11 Grundrechte 2.12 Grundrechte-Puzzle 2.13 Grundrechte-Memorie 2.15 Grundrechte zuordnen 2.20 Zeitungsmedien vergleichen	4.1 „Das magische Viereck" 5.2 EU-Quartett 5.4 Hilfsorganisationen 6.1 Karrikaturen deuten 6.6 Ergänze sinnvoll!
- sich Informationen zu politischen Situationen einholen	1.1 Begegnungen mit Politik 2.5 Vergleich von Regierungssyst.	4.8 Soziales Netz 5.5 Konflikte und Kriege
- sich politisches Faktenwissen einprägen	2.1 Ich merke mir	6.4 Grundbegriffe
Plätze wechseln und dabei Meinungen austauschen bzw. Wissen festigen	1.2 Was sagen die Bilder aus? 2.19 Berichterstattung	6.5 Was fehlt?
unterschiedliche Arbeitshaltungern bei politischen Diskussionen u. a. anwenden	2.18 Parteiposter	6.8 Diskutieren – einmal anders!

Hinweise der Autoren

In die Erarbeitung der Materialsammlung sind Vorschläge von Studierenden und Lehrkräften eingeflossen, die auf umfangreichem Literaturstudium, aber auch eigenen Erfahrungen und Ideen basieren. Dies erschwert zum Teil den Nachweis der ursprünglichen Quellenangaben. Durch die Anbindung an das sächsische Projekt erfolgte eine Orientierung an den Lehrplänen in Sachsen, ergänzt durch eine Analyse von Lehrplänen/Richtlinien anderer Bundesländer. Da eine Reihe von Inhalten und Themen in den einzelnen Bundesländern in unterschiedlichen Klassenstufen aufzufinden ist, wird meist eine unverbindliche Spannbreite über mehrere Klassen angegeben. Insgesamt sind die Beispiele der Materialsammlung als Anregungen zu verstehen, die entsprechend der konkreten Bedingungen sowie der aktuellen Klassensituation ausgewählt und verändert werden müssen. Außerdem soll dazu angehalten werden, selbst neue Beispiele auszuprobieren und zu ergänzen.

Seit dem Erscheinen der 1. Auflage sind über zehn Jahre vergangen, in denen das Konzept der bewegten Schule und der Schwerpunkt des bewegten Lernens in einer Reihe von Schulen erfolgreich umgesetzt werden konnten. Die dabei gesammelten Erfahrungen bilden die Grundlage für die jetzt vorliegende Bearbeitung. Die 2. Auflage wurde mit den neuen Lehrplänen in Sachsen (2019) abgestimmt und durch neue Beispiele und Varianten sowie Konkretisierungen auf den Rückseiten der Karteikarten ergänzt. Die vorgeschlagenen Aufgaben für die Schüler können im Schulbereich als Kopievorlage bzw. eingescannt für die Moodle-Lernplattform o. Ä. dienen. Im Anhang befinden sich mögliche Vorlagen von Arbeitsblättern für die Hand der Schüler, die z. B. im Rahmen von Freiarbeit genutzt werden können.

Für die Zuarbeit von Ergänzungen ist vor allem den (ehemaligen) Studierenden Dominika Pawleta, Julian Nußbaum sowie Kristian Sieber zu danken.

Literatur:

Breithecker, D. et al. (1996). In die Schule kommt Bewegung. *Haltung und Bewegung* 16 (2), 5-47.

Bucher, W. (Hrsg.). 2000). *Bewegtes Lernen. Teil 3. Ab 7. Schuljahr*. Schorndorf; Hofmann.

Bundeszentrale für politische Bildung (BpB). (2018). *Methodenkiste* (8. Aufl.). Bonn: BpB. Zugriff am 1. Dezember 2019 unter https://www.bpb.de › 5683_akt_methoden-kiste_8aufl_180509_online

Grupe, O. (1982). *Bewegung, Spiel und Leistung im Sport*. Schorndorf: Hofmann.

Lehrl, S. & Fischer, B. (1994). *Gehirn-Jogging. Selber denken macht fit* (4. überarbeitete Aufl.). Ebersberg: VLESS-Verlag.

Maier, G. (1998). *Was ist Politik?* Bonn: BpB.

Müller, Chr. & Petzold, R. (2014). *Bewegte Schule* (2. neu bearb. und erweit. Auflage). St. Augustin: Academia.

Müller, Chr. (2010). *Bewegte Grundschule* (3. neu bearb. Aufl.). St. Augustin: Academia.

Nußbaum. J. (2018). Weiterentwicklung des Teilbereichs Bewegtes Lernen im Fach Gemeinschaftskunde im Rahmen des pädagogischen Konzepts der Bewegten Schule. Wissenschaftliche Arbeit. Leipzig: Sportwissenschaftliche Fakultät.

Pawleta, D. (2017). *Bewegtes Lernen im Fach Gemeinschaftskunde, Rechtserziehung und Wirtschaft*. Masterarbeit. Leipzig: Sportwissenschaftliche Fakultät.

Pichler, H. (2009). *Unterrichtsbeispiel: Wirtschaft und Politik*. Zugriff am 24. April 2019 unter http://www.politischebildung.com/pdfs/pichler_a431.pdf

Sächsisches Staatsinstitut für Bildung und Schulentwicklung. (Hrsg.). (2006). *Schulleben und Unterricht demokratisch gestalten*. Radebeul: Comenius-Institut. Zugriff am 24. April 2019 unter http://www.sn.schule.de/~sud/methodenkompendium/module/1/2_3.htm

Seele, K. (2012). Beim Denken gehen, beim Gehen denken. Die Peripatetische Unterrichtsmethode. Band 14 von *Philosophie und Bildung*. Berlin, Münster u. a.: LIT.

Sieber, K. (2019). *Überarbeitungen des bewegten Lernens in Gemeinschaftskunde in Abstimmung mit dem neuen Lehrplan (2019) im Fach Gemeinschaftskunde/Rechtserziehung/Wirtschaft*. Manuskript. Leipzig: Sportwissenschaftliche Fakultät.

van der Gieth, H.-J. & E. (1999). *Lernzirkel Bundesrepublik*. Kempen: Buchverlag.

Belegarbeiten von Studenten der Sportwissenschaftlichen Fakultät der Universitäten Leipzig, besonders von Matthias Schulz, Nadja Schrinner, Gerit Heinze, Susann Richter, Raik Schilbach, Richard Meier, Tom Lauf, Patrick Weiß, Jonny Lehmann, Marco Kienlein.

Weitere Internetadressen:

Arbeitsblätter. Zugriff am 29. November 2019 unter
http://www.bpb.de/shop/lernen/thema-im-unterricht/ 37027/arbeitsblaetter

Gerichtsverhandlung spielen. Zugriff am 24. April 2019 unter
https://www2.klett.de/sixcms/media.php/82/21851_092_093.pdf

Karrikatur. Zugriff am 29. November 2019 unter
https://www.sachsen.schule/~sud/ methodenkompendium/module/1/6_1.htm

Karika-Tour. Zugriff am 29. November 2019 unter Zugriff am 1. Dezember 2019 unter
https://www.bpb.de › 5683_akt_methoden-kiste_8aufl_180509_online

Politikfelder. Bundesarbeitsgemeinschaft Politische Bildung Online. Zugriff am 27. November 2019 unter
http://www.politische-bildung.de/politikfelder.html

Preisbildung. Zugriff am 14. Dezember 2019 unter
https://www.impulse.de/gruendung/was-grunder-bei-der-preiskalkulation-beachten-mussen/2003694.html

Rechtsfragen. Zugriff am 1. Dezember 2019 unter
http://www.deine-rechte.de/html/das-darf-ich-deine-rechte.html

Standbilder. Zugriff am 1. Dezember 2019 unter
https://www.bildung-lsa.de/files/219b51620fe38c50f166629b8bc0aeaa/methodenkiste_bpb.pdf

Text-Puzzle. Zugriff am 24. April 2019 unter
http://www.sn.schule.de/~sud/methodenkompendium/module/1/7_3.htm

Verfassungsorgane. Zugriff am 23. April 2019 unter
https://www.planet-schule.de/wissenspool/staat-klar/inhalt/sendungen.html

Bildnachweis

Zeichnungen:

Martin Veit, Leipzig (Titelseite), Normann Schmidt, Leipzig (6.8)

Layout:

Karla Edelmann, Leipzig; Christina Müller, Leipzig

Weitere Literatur zum Projekt „Bewegte Schule“ (in Sachsen)

Müller, Chr. & Petzold, R. (2014). *Bewegte Schule* (2. neu bearbeitete Auflage). St. Augustin: Academia.
Es werden grundsätzliche Positionen, eine Vielzahl von Beispielen sowie Hinweise zur methodisch-organisatorischen Gestaltung vorgestellt – über das bewegte Lernen hinaus für weitere Bereiche einer bewegten Schule, wie Auflockerungsminuten, Entspannungsphasen, individuelle Bewegungszeiten, bewegungsorientierte Projekte, bewegte Pausen, bewegtes Schulleben. Ergänzt werden die Ausführungen zum Konzept der bewegten Schule durch die Ergebnisse einer Längsschnittstudie zu den Wirkungen.

Müller, Chr. et al. (2004, 2005, 2013, 2014, 2015, 2016, 2018, 2020). *Bewegtes Lernen in den Klassen 5 bis 10/12. Fächer: Fremdsprachen, Biologie, Geschichte, Gemeinschaftskunde/Recht/Wirtschaft, Evangelische Religion, Mathematik, Deutsch, Kunst, Musik, Physik, Geografie, Ethik, Chemie*. St. Augustin: Academia.

Müller, Chr. & Dinter, A. (2020). *Bewegte Schule für ALLE* (2. neu bearb. und erweit. Aufl.). St. Augustin: Academia.
Modifizierungen eines Konzeptes der bewegten Schulen für die Förderschwerpunkte Lernen, geistige Entwicklung, körperliche und motorische Entwicklung, emotionale und soziale Entwicklung sowie Sprache und Hören.

Müller, Chr. (2010). *Bewegte Grundschule. Aspekte einer Didaktik der Bewegungserziehung als umfassende Aufgabe der Grundschule* (3. neu bearbeitete Aufl.). St. Augustin: Academia.

Müller, Chr. (Hrsg.). (2006). *Bewegtes Lernen in den Klassen I bis IV. Didaktisch-methodisches Anregungen für die Fächer Mathematik, Deutsch und Sachunterricht* (3. erweiterte und überarbeitete Aufl.). St. Augustin: Academia.
Ergänzung durch:

Müller, Chr. et al. (2003, 2009, 2014). *Bewegtes Lernen in den Fächern: Ethik, Englisch Anfangsunterricht, Kunst, Musik*. St. Augustin: Academia.

http: //www.bewegte-schule-und-kita.de
http://www.academia-verlag.de
www.nomos-shop.de

1 Jugend und Politik

Klasse: 7-9

Thema: **Einführung in das Fach**

1.1 Begegnung mit Politik

Ort: Unterrichtsraum, Ort/Stadt

Material: -

Beschreibung: Die Schüler haben die Aufgabe, ihren persönlichen Tagesablauf mit einigen Stichpunkten als kleines Plakat aufzuschreiben und dabei besonders alle Situationen zu berücksichtigen, in denen sie mit Politik konfrontiert werden. Im Unterricht werden die DIN A4-Blätter mit den Tagesabläufen an der Wand aufgehängt oder auf Tischen ausgelegt. In einer Art Rundgang erläutert jeder Schüler kurz den Schnittpunkt mit Politik in seinem Tagesablauf. Die Schüler verschaffen sich so einen Überblick und gemeinsam wird eine Liste von Politikfeldern erstellt. (Anregung siehe Rückseite)

Variante: Rundgang im Unterricht durch den Ort/die Stadt (Maier, 1998), dabei politische und wirtschaftliche Sachverhalte beobachten

Mögliche Politikfelder (Nußbaum, 2018, Anhang)

Alltagssituation	Politikfelder
„Ich habe zum Frühstück ein Brötchen gegessen."	Ernährungspolitik
„Im Fernsehen läuft abends ein Film mit der Kennzeichnung FSK 16/18."	Medienpolitik (Jugendschutz)
„Ich fahre mit Bus/Bahn/Auto/Fahrrad zur Schule."	Verkehrspolitik
„Heute lerne ich in der Schule … „ „Eine Doppelstunde ist heute ausgefallen."	Bildungspolitik
„Von meinem Taschengeld kaufe ich mir ..."	Wirtschaftspolitik
„Zuhause ist es kalt. Ich drehe die Heizung auf."	Energiepolitik

Anmerkung:
Die Schüler sollen feststellen, dass alle Bereiche ihres alltäglichen Lebens mit Politik verknüpft sind.

Thema: **Einführung in das Fach**

1.2 Was sagen die Bilder aus?

Ort: Unterrichtsraum
Material: Fotos/Bilder

Beschreibung: Auf Tischen sind Fotos/Bilder verteilt, die eine politische Aussage enthalten. Die Schüler gehen in Kleingruppen von Tisch zu Tisch, versuchen die dort ausgelegten Bilder zu beschreiben und diskutieren untereinander deren politischen Inhalt. Am Ende wird eine Liste der Politikfelder zusammengestellt (siehe Rückseite).

Variante: Die Schüler schreiben die einzelnen Themen auf ein Plakat. Anschließend werden die Ereignisse nach Brisanz und Aktualität sortiert bzw. nummeriert (Pawleta, 2017).

Politikfelder (Nußbaum, 2018, Anhang)

- Außenpolitik
- Arbeit und Soziales
- Bildung, Wissenschaft und Forschung
- Familie, Senioren, Jugend und Frauen
- Gesundheit
- Justizpolitik
- Innenpolitik
- Rechtsextremismus
- Umwelt und Nachhaltigkeit
- Verteidigungspolitik
- Wirtschaft und Finanzen

Quelle: Bundesarbeitsgemeinschaft Politische Bildung Online. Zugriff am 27. November 2019 unter http://www.politische-bildung.de/politikfelder.html

Thema: **Familie als Sozialisationsinstanz**

1.3 Eltern-Kind-Gespräch

Ort: Unterrichtsraum
Material: -

Beschreibung: Im Raum begegnen sich je drei Personen (Eltern und Kind). Jede Gruppe diskutiert über verschiedene Probleme, wie zum Beispiel Discobesuch, Rauchen, Handy usw. (siehe Rückseite). Nach etwa fünf bis zehn Minuten wechseln die Schüler ihre Gesprächspartner. Dabei sollte auch ein Rollentausch stattfinden, so dass jeder Schüler sowohl die Rolle eines Elternteils als auch die des Kindes übernimmt. Abschließend werden gemeinsam Erziehungsziele und -methoden zusammengefasst.

Varianten:
- Gesprächsrunde um Oma und/oder Opa erweitern, um den Wandel der Erziehungsziele und -methoden festzustellen
- Rechte und Pflichten von Jugendlichen einbeziehen

Weitere Beispiele für Diskussionspunkte:

- Taschengelderhöhung
- Handynutzung
- Computerspiele
- Diskobesuch
- Alkohol trinken
- im Haushalt mithelfen
- bei Freunden übernachten
- einen Nebenjob im Supermarkt antreten
- allein in den Urlaub fahren

Thema: **Demokratie in Schule und Kommune**

1.4 Schülervertreter

Ort: Unterrichtsraum, Schulhaus, Schulgelände
Material: -

Beschreibung: Gruppenarbeit: Ein Teil der Gruppe simuliert die Rolle der „Schülervertreter“, die anderen jene der Vertreter des Gemeinde-/Stadtrates/Landkreises. Es wird eine Schulbegehung szenisch dargestellt. Mängel werden gezeigt, Lösungsvorschläge genannt, diskutiert und abschließend allen anderen Gruppen präsentiert.

Varianten:

- Erstellen einer Auflistung für die Schulleitung
- Erweiterung um positive Veränderungen
- Weiterführung in eine wirkliche Begegnung mit Mitgliedern des Gemeinderates/ Stadtrates/Landkreises (als Unterrichtsgang)
- Aufgabenbeispiele siehe Rückseite (Nußbaum, 2018, Anhang)

Aufgaben:

1. Bildet 6er-Gruppen. Drei Schüler übernehmen jeweils die Rolle der „Schülervertreter“ und der „Vertreter des Gemeinde-/Stadtrates/Landkreises “ (siehe unten).

2. Stellt in eurer Gruppe eine Schulbegehung szenisch dar. Die Schülervertreter weisen auf Mängel und Verbesserungsvorschläge hin. Die Vertreter des Gemeinde-/Stadtrates/Landkreises hinterfragen diese kritisch.

3. Diskutiert angesprochene Punkte und findet Argumente unter Berücksichtigung eurer Rollen.

4. Verlasst gedanklich eure Rollen. Tragt die Diskussionspunkte und Argumente stichpunktartig zusammen.

5. Präsentiert der Klasse eure Ergebnisse.

Die Rollen:
„Schülervertreter“ – Ihr präsentiert eure Schule. Zeigt positive und negative Aspekte auf. Setzt euch dafür ein, dass eure Schule von der Gemeinde (mehr) unterstützt wird.
„Vertreter des Gemeinde-/Stadtrates/Landkreises “ – Ihr sollt die finanziellen Mittel der Gemeinde sinnvoll nutzen. Da ihr auch andere Schulen unterstützen wollt, müsst ihr abwägen, inwiefern diese Schule gefördert wird.

Thema: **Demokratie in Schule und Kommune**

1.5 Reporter

Ort: Unterrichtsraum, Schulhaus
Material: evtl. Schulkamera

Beschreibung: Arbeit in zwei Gruppen:
Die Jugendlichen gehen als „Passanten" durch den Raum und werden von „Reportern" befragt, was sie in der Jugendpolitik in der Gemeinde/Stadt/Bundesland als gut empfinden und was verändert werden sollte. Rollentausch.
Jeder Reporter stellt mit den gehörten Fakten eine Rangliste zusammen. Diese werden gemeinsam besprochen.

Varianten:

- ausgewählte Interviews in der Klasse gemeinsam angehören und diskutieren
- evtl. einzelne Interviews mit der Schulkamera aufzeichnen
- Befragung auf andere Klassen oder Schulumgebung ausdehnen (evtl. als Projekt)
- Ergebnisse an die Verantwortlichen übermitteln und evtl. diskutieren

Mögliche Themenfelder der (kommunalen) Jugendpolitik

Bildungsmöglichkeiten für Jugendliche:
- Qualität und Anzahl der Schulen
- Jugendarbeit in Vereine
- Schüler- und Jugendzentrum
- Ferienprogramm
- Angebote des öffentlichen Nahverkehrs

Beteiligung von Jugendlichen:
- Berücksichtigung von Interessen und Wünschen
- Kontaktmöglichkeiten zu Politikern
- Möglichkeiten der Eigeninitiative

Jugendschutz, Unterstützung für Jugendliche:
- Betreuungsangebot
- Beratung durch das Jugendamt
- Jugendsozialarbeit an Schulen

Freizeitangebot für Jugendliche:
- Veranstaltungsvielfalt
- Jugendkulturzentren/Jugendclubs
- Bolzplätze, Spielplätze, Skate-Parks,
- Unterstützung der (Sport-)Vereine, Musikschulen usw.

Quelle:
Nußbaum, 2018, Anhang, in Anlehnung an: Bayerischer Jugendring (BJR). Zugriff am 18. Juli 2019 unter https://www.bjr.de/themen/jugendpolitik-und-jugendarbeit/kommunale-jugendpolitik/praxisbeispiele-und-neuigkeiten.html

Thema: **Demokratie in Schule und Kommune**

1.6 Rathauserkundung

Ort: Rathaus
Material: Fragenkatalog

Beschreibung: Vorbereitend stellen die Schüler einen Fragenkatalog zusammen (evtl. in Verbindung mit den Beispielen 1.4 und 1.5) und bilden Gruppen Bei einem Unterrichtsgang ins Rathaus wird gemeinsam das Gebäude von außen und innen erkundet (wenn möglich vom Keller bis zum Turm und mit einem Verantwortlichen). Auch sollten eventuelle bauliche und sonstige Besonderheiten (Bürgermeisterkette, Urkunden, Fahnen u. a.) mit eingebunden werden. In den Kleingruppen wird anschließend herausgefunden, an welche Abteilungen man sich mit bestimmten Anliegen wenden muss (Beispiele s. Rückseite) und in welchen Räumen sich diese befinden. Nachdem sich die Klasse wieder getroffen hat, führen die Kleingruppen die Mitschüler zu den entsprechenden Räumen. Den Abschluss sollte ein Gespräch mit dem Bürgermeister oder einem z. B. für Jugendarbeit und Schule verantwortlichen Mitarbeiter bilden, in dessen Verlauf die Schüler Fragen stellen und Probleme diskutieren können.

Varianten:

- an einer Stadt- oder Gemeinderatssitzung teilnehmen
- in ähnlicher Weise bei weiteren Besichtigungen arbeiten, z. B. außerschulische Lernorte zum Umweltschutz, Kunststätten, Dienstleistungsbetrieben

Mögliche Erkundungsaufgaben:
Wer ist der amtierende Bürgermeister?
Wie viele Abteilungen gibt es? Welche?
In welcher Abteilung werden Pässe ausgestellt?
Mit welchen Anliegen wendet man sich an das Bürgerservice?
Wo befindet sich das Fundbüro?
Werden im Rathaus Sanierungsarbeiten durchgeführt?
Wo befindet sich das Archiv?

Thema: **Demokratie in Schule und Kommune**

1.7 Aktiv mitgestalten

Ort: entsprechend der Inhalte
Material: siehe oben

Beschreibung: Gemeinsam werden Ideen zusammengetragen, wie die Jugendlichen aktiv gestaltend an der lokalen/regionalen Entwicklung mitwirken können. Der Fokus sollte auf der Verbindung von Natur und Bewegung liegen und Nachhaltigkeit anstreben.
Paare/Kleingruppen entscheiden sich dann für je eine Möglichkeit. Sie verschaffen sich Informationen über Gespräche und das Internet- Es wird ein Plan aufgestellt und mit der Klasse besprochen. Auch Plan- oder Rollenspiele sind möglich. Hauptziel ist auf jeden Fall die Umsetzung in der Praxis.

Varianten:

- wenn sinnvoll, finden sich mehrere Paare/Gruppen zusammen
- fachübergreifend bzw. fächerverbindeng arbeiten
- als eine Projektwoche planen, ggf. verbunden mit Aufenthalt in der entspr. Region
- in Grenzgebieten evtl. länderübergreifend realisieren
- Ideensplitter siehe Rückseite

Ideensplitter:

Naturschutz: In Absprache mit Verwaltungen von Landschaftsschutzgebieten/Nationalparks u. Ä. werden Möglichkeiten geplant und realisiert, bei denen sich die Jugendlichen aktiv in Naturschutzmaßnahmen einbringen können, z. B. Erhalt und Ausbau von Wanderwegen, Rastplätzen oder Lehrpfaden Pflege von Streuobst- oder blühenden Schmetterlingswiesen, Pflanzaktionen, Sicherung von Anlagen zum Überflutungsschutz, Sammeln von Müll im Gebirge/an Flüssen (World Cleanup Day).

Sport und Spiel in der Natur: In Absprache mit den Verantwortlichen können Spiel- und Sportorte in der Natur ausgebessert, gepflegt und erweitert werden, z. B. Spielplätze, Erlebnisparcours, Fitnesspfade, Jogging- oder Inline-Strecken, Möglichkeiten für evt. Parkour, Mountainbiking, Trailrunning, Orientierungslauf, Geocaching u. a.. Zum Abschluss findet ein Spiel- und Sportfest mit der jeweiligen Zielgruppe statt.

Mit dem Fahrrad unterwegs: Nach Aktionen an der Schule zur Kontrolle der Fahrradtauglichkeit und Sicherheit sollte sich die Planung und Absolvierung eines Fahrrad-Parkours anschließen. Nachfolgend werden sichere Fahrradwege zur Schule erkundet, aufgezeichnet (auch für andere Klassen) und vor allem benutzt. Den Höhepunkt bilden die Planung und Durchführung einer Fahrradtour.

Energieeinsparung: In Kleingruppen gehen die Schüler auf Suche nach Möglichkeiten zur Energieeinsparung in Schule, Kommune und dem persönlichen Umfeld. Sie achten dabei z. B. auf die Verwendung von Energiesparlampen oder LED-Lampen, auf Geräte im Leerlaufbetrieb („stand-by").

Thema: **Mediennutzung**

1.8 Mediennutzung

Ort: Unterrichtsraum

Material:

Beschreibung: Der Lehrer stellt der Klasse Fragen zum Mediennutzungsverhalten und die Schüler ordnen sich je nach Antwort im Raum an verschiedenen Punkten ein. Beispielsweise kann die Frage gestellt werden: „In wie vielen sozialen Internetportalen bist du angemeldet?“ Dann würde es im Zimmer je einen Standort geben für: kein Portal – 1 Portal – 2 Portale – mehr als 2 Portale. Das kann man auch mit JA- oder NEIN-Fragen durchführen: „Spielst du jeden Tag digitale Spiele auf einer Konsole?“ Dann würde es einen Punkt im Raum für „Ja“ und einen für „Nein“ geben, bei denen sich die Schüler einordnen. Daraus könnte man dann beispielsweise auch eine Klassenstatistik entwerfen. (Sieber, 2019)

Variante: unterschiedliche Fortbewegungsarten zu den Punkten einsetzen

2 Politische Ordnung und demokratische Willensbildung — Klasse: 9-10

Thema: **Politische Systeme**

2.1 Ich merke mir ...

Ort: Unterrichtsraum, ggf. Schulhaus
Material: Übersichten zu Verfassungsorganen der BRD

Beschreibung: In Gruppenarbeit werden Übersichten zu den ständigen Verfassungsorganen der BRD (Bundespräsident, Deutscher Bundestag, Bundesrat, Bundesregierung, Bundesverfassungsgericht) zusammengestellt. Die Schüler sollen sich dabei an einer abgesprochenen Gliederung orientieren (siehe Rückseite) und die wichtigsten Fakten heraussuchen. Diese Übersichten werden im Zimmer aufgehängt/ausgelegt. Die Schüler prägen sich wesentliche Fakten ein, machen sich am Platz Notizen und vergleichen mit der Übersicht. Zum Schluss werden die wichtigsten Inhalte der Verfassungsorgane gemeinsam vorgetragen und ergänzt.

Varianten: siehe Rückseite

Varianten:

- Erweiterung, dazu Arbeitsblatt 1 einbeziehen
- Ergänzung der Fragestellung um folgende Themen: politische Strukturen im Bundesland oder Parteien und Interessenverbände
- Die Lösungen für die leeren Felder der Gliederung liegen als Kärtchen im Raum aus. Nachdem sich alle Schüler die Kärtchen ansehen konnten, steht nacheinander je ein Schüler auf, holt sich ein Kärtchen und heftet dieses an die vorbereitete Tabelle an der Tafel. Die anderen Schüler können jederzeit aufstehen und ggf. Änderungen vornehmen. (Nußbaum, 2018, Anhang)

Vorschlag für eine Gliederung

	Bundespräsident	Bundestag	Bundesrat	Bundesregierung	BVerfG
Wahl (Wie? Durch wen?)					
Zusammensetzung (Wer?)					
Zentrale Aufgaben (Was?)					
Sitz (Wo?)					

Quelle: Nußbaum, 2018, Anhang in Anlehnung an: SWR/WDR. Zugriff am 23. April 2019 unter https://www.planet-schule.de/wissenspool/staat-klar/inhalt/sendungen.html

Thema: **Politische Systeme**

2.2 Ich weiß bereits, dass ...

Ort: Unterrichtsraum

Material: Tafel, Magneten, vorgefertigte Karten mit Begriffen bzw. Kernaussagen zu den Verfassungsorganen der BRD

Beschreibung: Jeder Schüler holt sich drei Karten mit Begriffen zu den jeweiligen Verfassungsorganen der BRD (Bundespräsident, Bundestag, Bundesrat, Bundesregierung, Bundesverfassungsgericht). Die Karten könnten beispielsweise die Amtszeit, die Anzahl der Sitze, amtierende Personen, Sitzverteilung etc. beinhalten. Nach einer kurzen Überlegungsphase, falls notwendig mit Unterstützung der Aufzeichnungen, erfolgt eine Zuordnung an der Tafel, verbunden mit kurzer Erläuterung. (Pawleta, 2017)

Variante: Ergänzung um politische Strukturen im Bundesland oder Parteien und Interessenverbände

Beispiele für Karten mit Kernaussagen (zum Ausschneiden):

... schlägt Bundestag einen Kanzlerkandidaten zur Wahl vor.
... hat eine Amtszeit von fünf Jahren.
... übt Exekutivgewalt auf Bundesebene aus.
... über ihn wirken Länder an der Gesetzgebung des Bundes mit.
... wurde 1951 gegründet.

Thema: **Politische Systeme**

2.3 Welcher Minister bin ich?

Ort: Unterrichtsraum

Material: Karten mit Ministerien und Ministern, Klammern, Aufgaben s. Rückseite (Nußbaum, 2018, Anhang)

Beschreibung: Jedem Schüler wird, ohne es vorher gesehen zu haben, eine Karte mit einer Klammer auf dem Rücken befestigt. Auf diesem Kärtchen steht entweder eine Ministeriumbezeichnung oder ein Ministername. Bedingung ist, dass nicht untereinander gesprochen wird und somit niemand seine „Scheinidentität“ erahnt. Nun geht jeder Schüler durch den Unterrichtsraum, schaut sich die Kärtchen seiner Mitschüler an und hilft bei der Zuordnung. Ziel ist es, dass jeder Schüler seinen passenden Partner findet.

Varianten:

- Vereinfachte Version: Schüler stellen sich gegenseitig Entscheidungsfragen, z. B.: Beschäftige ich mit Finanzen, Wirtschaft, Soziales (o. Ä.)? Bei positiver Antwort wird neu gefragt, bei negativer geht der Schüler weiter.
- Aufgaben des Ministeriums können als zusätzliche Karten genutzt werden.

Aufgaben:

Während der gesamten Übung wird nicht gesprochen!

1. Geht paarweise zu den verdeckten Karten. Nehmt euch eine und heftet sie an den Rücken eures Partners. Währenddessen darf dieser die Karte auf keinen Fall sehen.

2. Bewegt euch nun durch den Raum und helft euren Mitschülern dabei, sich passend zuzuordnen. Seid ihr zugeordnet, dann merkt euch euren Partner und helft weiter.

3. Wenn alle Schüler zugeordnet sind, löst ihr die Karten eures Partners. Heftet die zugehörigen Karten an die Tafel und besprecht die Lösung in der Klasse.

Erschwert: Ihr dürft euren Mitschülern nicht bei der Zuordnung helfen. Ihr müsst euren Partner über das Ausschlussverfahren finden! Vermerkt dafür Paare, die ihr entdeckt habt, auf einer Notizkarte.

Thema: **Politische Systeme**

2.4 Wer ist wer?

Ort: Unterrichtsraum
Material: Fotos von Politikern, Magneten

Beschreibung: Drei Tafeln mit den Überschriften: Bundeskanzler (ab 1949), Bundespräsident (ab 1949), Minister (heute) sind im Raum verteilt. Die Schüler bekommen zwei bis drei Fotos von jetzigen Ministern, früheren Kanzlern und früheren Bundespräsidenten, die sie den jeweiligen Tafeln zuordnen.

Varianten:

- Als Erleichterung könnten auf der Rückseite der Fotos, die Namen der abgebildeten Person stehen.
- Bücher/Zeitungen und andere Materialien können zur Hilfe genommen werden.
- Die Kanzler/Bundespräsidenten werden chronologisch geordnet.
- Den Personen werden die jeweiligen Parteien zugeordnet.
- Die Minister werden in das entsprechende Bundesministerium eingruppiert.
- Bei bekannten Ministern wird kurz erläutert, welche wesentlichen Politikinhalte von diesen eingeführt wurden.

Thema: **Politische Systeme**

2.5 Vergleich von Regierungssystemen

Ort: Unterrichtsraum
Material: Übersichten von Regierungssystemen anderer Länder

Beschreibung: An verschiedenen Stellen im Raum befinden sich Übersichten über die Regierungssysteme der USA, England, Frankreich und Deutschland. Die Schüler gehen von Übersicht zu Übersicht und notieren sich Gemeinsamkeiten und Unterschiede der Regierungssysteme. Zum Schluss wird verglichen.

Varianten:

- Vergleich DDR, Drittes Reich, BRD (heute), dabei fächerverbindend mit Fach Geschichte arbeiten
- Anfertigung von Übersichten zu Regierungssystemen anderer Länder (als Hausaufgabe)
- Zuordnung der Regierungssysteme zu den Gesellschaftsvorstellungen der frühen Staatsphilosophen, z. B. John Locke, Rousseau, Machiavelli … (Pawleta, 2017)

Thema: **Politische Systeme**

2.6 Wer hat welche Aufgaben?

Ort: Unterrichtsraum
Material: drei Tafeln bzw. Poster

Beschreibung: Drei Tafeln mit den Überschriften: Aufgaben des Bundes, Aufgaben des Landes, Aufgaben der Gemeinden sind im Raum verteilt. Während die Schüler durch den Raum gehen, nennt der Lehrer verschiedene Aufgaben (siehe Rückseite). Die Schüler bewegen sich zu der entsprechenden Tafel.

Varianten:

- Verteilung der Steuereinnahmen
- Aufgabenverteilung: Bundestag, Bundesregierung, Parteien
  Legislative, Exekutive, Judikative
- Einordnung aktueller Themen in die Aufgabenverteilung

Aufgabenverteilung im föderalistischen System:

Beispiel	Aufgabe des Bundes	Aufgabe des Landes	Aufgabe der Gemeinde
Höhe der Hundesteuer			X
Lehrplan für ein Unterrichtsfach		X	
Schließung einer Universität		X	
Gebühren für die Autobahnnutzung	X		
Bau eines Kindergartens			X
Ausbau der Bundeswehr	X		
Ausbildung von Polizisten		X	
Reinigung öffentlicher Plätze/Parkanlagen			X

Quelle: Nußbaum, 2018, Anhang in Anlehnung an: Bundeszentrale für politische Bildung. Zugriff am 24. April 2019 unter http://www.bpb.de/politik/grundfragen/24-deutschland/40432/bund-laender-und-kommunen

Thema: **Politische Systeme**

2.7 Land - Stadt

Ort: Unterrichtsraum
Material: Karten mit Namen der Bundesländer bzw. deren Hauptstadt

Beschreibung: Jeder Schüler zieht eine Karte. Leise gehen sie durch den Raum und finden sich zu den entsprechenden Paaren zusammen. Das Spiel sollte mehrfach wiederholt werden. Zum Abschluss werden die sortieren Bundesländer und Hauptstädte auf einen Tisch gelegt. Die Schüler fertigen sich an ihrem Platz aus dem Gedächtnis eine Tabelle an. An den ausliegenden Karten können sie sich die Zuordnung in Erinnerung rufen.

Varianten:

- Vereinfachte Version: Nachdem sich ein Paar gefunden hat, wird die Zuordnung sofort in eine Tabelle im Hefter geschrieben.
- weitere Varianten siehe Rückseite

Weitere Varianten:

Die Schüler ordnen sich mit den Karten nach:

- der Größe der Bundesländer bzw. Städte
- der Lage (Norden, Süden)
- der Anzahl der Sitze im Bundesrat
- den Regierungsparteien der Bundesländer (Leistungskurs)
- auf dem Schulgelände in einer skizzierten Landkarte von Deutschland (mit Kreide oder Seilen) aufstellen

Thema: **Partizipation**

2.8 Wie kann ich mich politisch beteiligen?

Ort: Unterrichtsraum
Material: Übersichten zu Partizipationsmöglichkeiten

Beschreibung: Im Raum befinden sich sechs Stationen. Jede Station gibt Informationen über eine Möglichkeit der politischen Beteiligung (Partizipation) z. B. Wahlen, Parteien, Verbände, Verfassungsbeschwerden, Bürgerinitiative, Petitionen. Die Schüler gehen durch den Raum und informieren sich über Möglichkeiten der politischen Beteiligung. Dann stellen sie sich auf einer Meinungslinie entsprechend ihrer Einschätzung auf (siehe Rückseite). Unterschiedliche Positionen werden begründet und diskutiert.

Varianten:

- Möglichkeiten der politischen Beteiligung werden in Kleingruppen ausgearbeitet.
- Ein Schüler der Gruppe präsentiert das Ergebnis vor der gesamten Klasse.

Wie kann ich mich politisch beteiligen?

Meinungslinie:

eher weniger wirksame politische Beteiligung	←==============================→	sehr wirksame politische Beteiligung

Erklärung:

Die Schüler stellen sich an der Meinungslinie an diejenige Stelle, wo sie den Grad der Wirksamkeit sehen und begründen ihre Meinung.

Thema: **Partizipation**

2.9 Partizipationsmöglichkeiten

Ort: Unterrichtsraum
Material: Karten zu Partizipationsmöglichkeiten

Beschreibung: Schülergruppen ziehen je eine Partizipationsmöglichkeit (Wahlen, Demonstration, Bürgerinitiative, Parteibeitritt, ...) und arbeiten die grundlegenden Merkmale dieser Möglichkeit aus. Im Anschluss soll nacheinander jede Gruppe ihre Partizipationsmöglichkeit schauspielerisch den anderen Schülern verdeutlichen. Diese sollen herausfinden, um welche Partizipationsmöglichkeit es sich handelt und welche Merkmale man dieser zuschreiben kann. Danach wird gewechselt. (Sieber, 2019)

Varianten:

- Darstellung der Partizipationsmöglichkeit in Form von Pantomime oder eines Standbildes
- Gruppen, die nicht spielen, sollen ihre Meinung zu dieser Form der Partizipation erläutern.

Thema: **Grundgesetz der BRD**

2.10 Welche Grundrechte gibt es?

Ort: Unterrichtsraum
Material: Grundgesetz, Softball

Beschreibung: Kleingruppen spielen sich einen Softball zu. Der Schüler mit Ballbesitz nennt ein Grundrecht und spielt den Ball zu einem anderen Spieler. Dieser muss das genannte Grundrecht kurz erklären (siehe Rückseite).

Varianten:

- Der 3. Schüler nennt ein aktuelles Beispiel zu diesem Grundrecht.
- Der 4. Schüler versucht zu klären, ob der Verfassungstext mit der Verfassungswirklichkeit übereinstimmt.
- Die methodische Form ist auf andere Inhalte übertragbar, z. B. Merkmale der Demokratie (Kl. 7).

Beispiel für ein Grundrecht:

1. Schüler	Nennt ein Grundrecht.	Art. 3 GG
2. Schüler	Erklärt das Grundrecht.	Das Grundrecht bedeutet, dass alle Menschen vor dem Gesetz gleich sind und niemand bevorzugt oder benachteiligt werden darf.
3. Schüler	Nennt ein aktuelles Beispiel zu diesem Thema.	......
4. Schüler	Vergleicht, ob der Verfassungstext mit der Wirklichkeit übereinstimmt.	Zum Beispiel: Unterschiedlicher Lohn für gleiche Arbeit? Nachteile für Menschen mit Beeinträchtigungen?

Thema: **Grundgesetz der BRD**

2.11 Grundrechte

Ort: Unterrichtsraum
Material: Zeitungsartikel

Beschreibung: Zeitungsartikel werden im Raum ausgelegt. Die Schüler gehen paarweise durch den Raum, schauen sich die Zeitungsartikel an, diskutieren kurz und versuchen, das entsprechende Grundrecht herauszufinden. Zum Schluss gibt der Lehrer die Lösungen bekannt und die Schüler können vergleichen.

Varianten:

- evtl. auch Bilder/Fotos ausschneiden, die Inhalte eines Grundrechts widerspiegeln
- evtl. Bildmaterial aus Beispiel 1.2 nutzen
- als Hausaufgabe vorbereiten (indem jeder Schüler aus Zeitungen einen Artikel herausschneidet, der zu einem Grundrecht passt)

Thema: **Grundgesetz der BRD**

2.12 Grundrechte-Puzzle

Ort: Unterrichtsraum
Material: Karten mit Wortgruppen aus Grundrechten

Beschreibung: Jede von etwa vier Gruppe hat eine Vielzahl an Wortgruppen durcheinander auf ihrem Tisch liegen. Aus diesen Bestandteilen soll an der Tafel der korrekte Text eines Grundgesetz-Artikels zusammengesetzt werden. Aus jeder Gruppe läuft nur ein Schüler mit einer Wortgruppe zur Tafel und heftet diesen an die für ihn richtige Position. Nun startet der nächste Schüler. Es ist vom Lehrer zu entscheiden, wie viele Artikel und Absätze zu ordnen sind. Anschließend sollten einzelne Grundrechte in weiteren Lernmethoden aufgegriffen werden. (Nußbaum, 2018, Anhang)

Varianten:
- Aufgaben, siehe Rückseite (Nußbaum, 2018, Anhang)
- Die Schüler sprechen während der gesamten Übung nicht.
- Die Wortgruppen liegen verdeckt. Jeder Schüler darf, sobald er an der Reihe ist, maximal drei Kärtchen umdrehen und muss sich für einen entscheiden. Die anderen Gruppenmitglieder können sich merken, wo geeignete Wortgruppen liegen.

Aufgaben:

1. Findet euch um einen Tisch mit Wortgruppen/Kärtchen als Gruppe zusammen.

2. Ihr sollt die vor euch liegenden Kärtchen so sortieren, dass an der Tafel der korrekte Text des jeweiligen Grundgesetz-Artikels entsteht.

3. Aus eurer Gruppe darf nur ein Schüler eine Wortgruppe an der Tafel zuordnen. Der nächste Schüler eurer Gruppe startet, sobald der Vorgänger zurück am Platz ist.

4. Wenn ihr der Meinung seid, ihr habt alle Wortgruppen korrekt sortiert, setzt ihr euch und gebt dem Lehrer so das Signal, dass ihr fertig seid.

5. Übernehmt die korrekten Grundgesetz-Artikel in euren Hefter.

6. Interpretiert und diskutiert in der Klasse einzelne Grundrechte. (Was kommt euch woher bekannt vor? Welche Beispiele fallen euch ein? Welche Begriffe versteht ihr nicht? Welche Grundrechte habt ihr selber schon wahrgenommen - welche noch nicht?)

Quelle: Nußbaum, 2018, Anhang, in Anlehnung an: Sächsisches Staatsinstitut für Bildung und Schulentwicklung. Zugriff am 24. April 2019 unter http://www.sn.schule.de/~sud/methodenkompendium/module/1/7_3.htm

Thema: **Grundgesetz der BRD**

2.13 Grundrechte-Memorie

Ort: Unterrichtsraum
Material: Karten mit Grundrechten und Artikelnummer, Tafel

Beschreibung: Zwei Gruppen stellen sich in je eine Reihe an das Ende des Raumes. An der Tafel sind Karten verdeckt angeheftet, welche bereits in zwei Teile geordnet sind. Auf einer Tafelseite befinden sich die Karten mit den Bezeichnungen „Art.1" bis „Art.19" mit kurzen Schlagworten, die einen Hinweis auf den Inhalt der Artikel geben. Auf der anderen Seite finden sich die Texte von Artikel 1-19 des Grundgesetzes (teilweise verkürzte Versionen). Abwechselnd kommt ein Schüler jeder Mannschaft vor und dreht je eine Karte pro Seite um. Bestätigt der Lehrer die Zuordnung, darf der nächste Schüler dieser Gruppe nach vorn. Ist die Zuordnung falsch, setzt die andere Gruppe fort. Die Schüler, die an der Reihe waren, stellen sich hinten an. Unter Berücksichtigung der Varianten (siehe Rückseite) können mehrere Durchgänge gespielt werden. Der Lehrer kann entscheiden, ob die beiden Gruppen bei der Übung Punkte sammeln und so ein Wettkampf zwischen ihnen stattfindet. (Nußbaum, 2018, Anhang)

Varianten:

Vereinfacht

- Die Ergebnisse werden vor Beginn des Spiels präsentiert. Dabei dürfen die Schüler sich keine Notizen machen.
- Die Schüler gehen paarweise an die Tafel und treffen gemeinsam die Entscheidung, welche Karten umgedreht werden sollen.

Erweitert

- Die Kartenpaare müssen noch in Menschenrechte, Bürgerrechte, Freiheitsrechte, Gleichheitsrechte und Unverletzlichkeitsrechte unterteilt werden. Für jede korrekte Zuordnung erhält das Team einen Zusatzpunkt.
  (Nußbaum, 2018, Anhang)

Thema: **Grundgesetz der BRD**

2.14 Pantomime

Ort: Unterrichtsraum
Material: Karten mit Grundrechten

Beschreibung: Es werden Vierergruppen gebildet. Jeweils zwei Schüler einer Gruppe bekommen eine Karte, auf der ein Grundrecht vermerkt ist. Dieses Grundrecht versuchen sie den anderen beiden Schülern der Gruppe pantomimisch darzustellen. Nachdem das Grundrecht erraten wurde, tauschen sie die Rollen.

Varianten:

- Vereinfacht: Anzahl der Wörter vorgeben, die gesprochen werden dürfen
- Erweitert: Standbilder passend gestalten
- Pantomime zu anderen Themen durchführen, z. B. Rechte und Pflichte von Jugendlichen oder zu Wahlgrundsätzen

Thema: **Grundgesetz der BRD**

2.15 Grundrechte zuordnen

Ort: Unterrichtsraum
Material: Karten mit Grundrechten

Beschreibung: Im Zimmer sind Karten mit Grundrechten verteilt. Die Schüler gehen im Raum zu einer Karte, lesen diese, versuchen sich das Grundrecht so gut wie möglich zu merken und schreiben den wesentlichen Inhalt in eine Tabelle (siehe Rückseite)
(Idee: Richter, o.J.)

Varianten:

- Definitionen liegen aus. Schüler ordnen sich damit den Grundrechten, z. B. in den vier Ecken, zu.
- Grundrechte werden vor der Klasse szenisch, pantomimisch oder als Standbilder dargestellt und die Mitschüler formulieren, um welches Grundrecht es sich handelt. (Sieber, 2019)

Tabelle zu Grundrechten

Menschenrechte	Bürgerrechte	Freiheitsrechte	Gleichheitsrechte	Unverletzlichkeits-rechte

Beispiele zum Einordnen:

Artikel 1:	Die Würde des Menschen ist unantastbar. Sie zu achten und zu schützen ist Verpflichtung aller staatlichen Gewalt.
Artikel 4:	Die Freiheit des Glaubens, des Gewissens und die Freiheit des religiösen und weltanschaulichen Bekenntnisses sind unverletzlich.
Artikel 6:	Ehe und Familie stehen unter dem besonderen Schutz der staatlichen Ordnung.
Artikel 8:	Alle Deutschen haben das Recht, sich ohne Anmeldung oder Erlaubnis friedlich und ohne Waffen zu versammeln.
Artikel 14:	Das Eigentum und das Erbrecht werden gewährleistet. Inhalt und Schranken werden durch die Gesetze bestimmt.

Thema: **Wahlen**

2.16 Ich gehe wählen!

Ort: Unterrichtsraum
Material: Wahlurne und „Wahlkabine“, Stimmzettel

Beschreibung: Ein Teil der Klasse bereitet als Wahlvorstand Stimmzettel mit je zwei Stimmen vor und verteilt diese an den anderen Gruppenteil. Bei der Erststimme kann der Schüler zwischen vier beliebigen Schülern wählen, die wiederum vier ausgedachte Parteien repräsentieren. Bei der Zweitstimme kann der Schüler zwischen den erfundenen Parteien wählen (siehe Rückseite). Der Schüler hat das Recht, wenn er für die Partei ist, aber gegen den Schüler, der sie vertritt, in der Erststimme einen anderen zu wählen.
Nacheinander geht jeder Schüler zum Wahllokal (z. B. ein Tisch in der Ecke) und gibt dort geheim seine Stimmen ab. Der Wahlvorstand zählt aus, gibt das Ergebnis bekannt und erklärt, wie das Wahlergebnis und somit der Bundes- oder Landtag zustande kommen.

Varianten: siehe Rückseite

Varianten:

- vorher einen Wahlkampf der zu wählenden Parteien veranstalten, z. B. ein Plakat mit Slogans von Parteien entwerfen
- Auszählung nach Mehrheitswahlrecht und Verhältniswahlrecht – Vorteile und Nachteile beider diskutieren
- bei entsprechender Stimmenverteilung die Bildung von Koalitionen darstellen
- evtl. weitergehend: Wie wird nach den Wahlen die Regierung gebildet?
- den Klassensprecher wählen
- eine eigene Partei gründen

Vorschläge für Parteinamen:

PGG	• **P**artei der **G**ummibärchen**g**enießer
PNR	• **P**artei der **N**icht**r**aucher
PFB	• **P**artei der **F**uß**b**allfans
PHF	• **P**artei der **H**austier**f**reunde
PLR	• **P**artei der **L**ese**r**atten

Thema: **Wahlen**

2.17 Wahlgrundsätze

Ort: Unterrichtsraum
Material: Informationen über Wahlen

Beschreibung: Die Schüler informieren sich im Internet über die Wahlgrundsätze (allgemein, unmittelbar, frei, gleich, geheim) in Deutschland (gleich ob Kommunal-, Landtags- oder Bundestagswahlen). Anschließend werden Gruppen von etwa fünf Schülern gebildet. Jede Gruppe zieht einen Wahlgrundsatz, so dass es die anderen nicht sehen. Die Schüler überlegen sich nun, wie sie ihren Grundsatz pantomimisch darstellen können. Anschließend präsentieren sie das Ergebnis vor der Klasse, die das Prinzip erkennen soll. (Weiß, o.J.)

Varianten:
- mit Gegenbeispielen ergänzen
- als szenisches Spiel durchführen
- Wahlgrundsatz als Zeichnung an die Tafel malen

Aufgabe:

Recherchiere im Internet nach Staaten, in denen diese Wahlgrundsätze (teilweise) nicht gelten.
Tragt die Ergebnisse in eine ausliegende Tabelle ein.

Tabelle zu Wahlgrundsätzen

Wahlgrundsätze	**Länder, in denen der Grundsatz nicht gilt**
allgemein	
unmittelbar	
frei	
gleich	
geheim	

Thema: **Wahlen**

2.18 Parteiposter

Ort: Unterrichtsraum
Material: Zeitungen, Tapetenrolle, Klebstoff, Schere, Stifte

Beschreibung: Vorbereitend sammelt jeder Schüler Material mit Zielen und Programmen unterschiedlicher Parteien, die auf den Boden ausgelegt werden. Die Klasse teilt sich in Gruppen, die wiederum je eine Partei (CDU, CSU, SPD, Bündnis 90/Die Grünen, FDP, Die Linke, AfD o. a.) repräsentieren. Die Zeitungsartikel der entsprechenden Partei werden auf dem Boden zu einem Poster sortiert. Anschließend werden die Ziele und Programme kontrovers diskutiert.

Varianten:

- weitere Informationen, wie z. B. Grundsatzprogramme, Satzungen der Parteien im Raum auslegen, durch Karten (siehe Rückseite) ergänzen
- das Poster aufkleben
- auch als Projekt möglich
- Fotos von Politikern (evtl. mit Namen auf der Rückseite) den Parteien zuordnen

Beispiele für Inhale der Karten:

- der Parteiname und Parteifarbe
- der Parteivorsitzender
- die politische Orientierung (Links-Rechts-Skala)
- wichtige Auszüge aus dem Parteiprogramm
- wichtige geschichtliche Ereignisse
- konkrete Programminhalte
- Werbeslogan der letzten bzw. aktuellen Wahl
- Wahlergebnis der letzten Bundestagswahl (Pawleta, 2017)
- Vertretung in Landesparlamenten
- kritische Äußerungen gegenüber anderen Parteien
- mögliche/vorstellbare Koalitionspartner (Nußbaum, 2018, Anhang)

Thema: **Medien und Politik**

2.19 Berichterstattung

Ort: Unterrichtsraum und Flur
Material: Internetverbindung, Laptop, Beamer, Handy, Zeitungsberichte

Beschreibung: Drei Gruppen durchlaufen folgende Stationen: An der 1. Station sieht man eine Berichterstattung über ein aktuelles Thema in den Fernsehnachrichten über den Beamer (Internet/Laptop). An der 2. Station befindet sich eine Aufzeichnung einer Radioberichterstattung (Handyaufnahme) zum Anhören über das gleiche aktuelle Thema. An der 3. Station wird ein Zeitungsbericht zum gleichen Thema gelesen. Am Ende wird verglichen, welche Vorteile und Nachteile die jeweiligen Medien haben und wie sie sich in der Darstellung, den Inhalten und der Sachlichkeit unterscheiden.

Varianten:

- Politainment: Die Schüler sollen sich zuhause zu einem Thema ihrer Wahl eine politische Diskussionsrunde ansehen und diese unter den gegebenen Kriterien (s. unten) analysieren. (Pawleta, 2017)
- Die Schüler versuchen sich selbst als Fernsehmoderator, Radioreporter oder Zeitungsredakteur zu einem von ihnen selbst gewählten aktuellen Beispielen.

Mögliche Bewertungskriterien für Massenmedien:

- gute inhaltliche Qualität/Sachlichkeit
- Dauer
- gute Praktikabilität
- Aktualität
- gute Wirtschaftlichkeit
- Zuverlässigkeit der Informationen bzw. der Informationsquelle
- Glaubwürdigkeit
- Verständlichkeit
- sonstige Vorteile

Thema: **Medien und Politik**

2.20 Zeitungsmedien vergleichen

Ort: Unterrichtsraum
Material: Zeitungen, Poster, Filzstifte

Beschreibung: Die Schüler und der Lehrer bringen verschiedene aktuelle Zeitungen mit und legen diese aus. Kleingruppen gehen durch den Raum und jede Gruppe wählt zwei verschiedene Zeitungen aus, möglichst eine regionale und eine überregionale Zeitung, und entscheidet sich für ein bis zwei Themen, über die in beiden Zeitungen berichtet wird. Die Schüler sollen anhand von bestimmten Kriterien, wie bspw. optische Aufbereitung, Verhältnis Bild zu Text, Wortwahl, Art der Berichterstattung, Sachlichkeit, Objektivität etc. einen Vergleich erstellen. Die wesentlichen Ergebnisse werden auf einem Poster niedergeschrieben. Abschließend präsentiert jede Gruppe ihre Ergebnisse. (Pawleta, 2017)

Varianten:

- Schüler können den Artikel ändern, um bspw. mehr Sachlichkeit zu erreichen.
- Zu dem entsprechen Thema formulieren die Schüler selbst einen Artikel oder ein Plakat. (Sieber, 2019)

Kriterien:

- Intension
- politische Meinung des Autors
- Aktualität
- Zielgruppe
- optische Aufbereitung
- Verhältnis Bild zu Text
- Wortwahl
- Art der Berichterstattung
- Sachlichkeit
- Objektivität

Thema: **Medien und Politik**

2.21 Radiosendung

Ort: Unterrichtsraum
Material: Zeitungen, notwendige technische Geräte

Beschreibung: Die Schüler finden sich in Kleingruppen zusammen. Jede Gruppe informiert sich über mitgebrachte/bereitgestellte Zeitungen und per Smartphone im Internet über aktuelle politische Ereignisse. Aus der Auswahl gesammelter Informationen soll eine Radionachrichtensendung von drei bis vier Minuten kreiert werden. Nach Ende der Erarbeitungszeit hört sich die Klasse jede Sendung an und diskutiert deren Inhalte und Gestaltung. Arbeitsschritte siehe Rückseite (Nußbaum, 2018, Anhang)

Varianten:

- als regelmäßige Sendung im Schülerradio ausweiten
- als Live-Sendung ohne Aufnahme vor der Klasse vortragen
- als Hausaufgabe vorbereiten
- Jeder Gruppe kann sich entscheiden bzw. ein Los ziehen, welche Art Nachrichtenformat sie gestalten soll, z. B. Jugendradio, öffentlich-rechtlicher Infokanal, investigatives Internetradio, Lokal/Global-Radio etc. (Nußbaum, 2018, Anhang)

Arbeitsschritte

1. Findet euch in Gruppen zusammen.

2. Sammelt Informationen zu aktuellen politischen Ereignissen. Benutzt dazu die vorliegenden Zeitungen und euer Smartphone. Entscheidet in der Gruppe welche Themen ihr bearbeiten wollt.

3. Stellt eine Radionachrichtensendung mit 3-4 Minuten Sendezeit zusammen. Diese könnt ihr zum Abschluss mit technischen Geräten aufnehmen. Die Ergebnisse aller Gruppen werden der Klasse präsentiert und gemeinsam diskutiert.

Hinweise:
- Einigt euch in der Gruppe auf ein Sendungskonzept und die Inhalte. Dann teilt die Erarbeitung der Moderation untereinander in verschiedene Beiträge/Sequenzen auf.
- Einigt euch untereinander, wer die Rolle des Moderators übernimmt und die vorbereiteten Sequenzen vorträgt. Es können auch mehrere Schüler Redeanteile übernehmen.
- Orientiert euch an echten Radiosendungen. Hört euch dazu ggf. kurze Ausschnitte an.
- Seid kreativ! Nutzt z. B. Hintergrundmusik, Experten-Interviews, typische Phrasen etc.

Thema: **Rechtsordnung**

3.1 Gerichtsverhandlung

Ort: Unterrichtsraum
Material: Pressenotizen, StGB, Requisiten

Beschreibung: Basierend auf Vorkenntnissen wird eine Gerichtsverhandlung szenisch gestaltet. Die Klasse teilt sich in drei Gruppen, die sich wiederum in Richter und Schöffen, Verteidigung sowie Staatsanwaltschaft gliedern. Die Gruppen untersuchen getrennt voneinander anhand ausgelegter Pressenotizen unterschiedliche Straftaten. Jede Gruppe soll zum Abschluss eine realitätsnahe Gerichtsverhandlung vor der Klasse inszenieren. Die Schüler beachten neben den Arbeitsschritten auch die Hinweise zum Ablauf einer Gerichtsverhandlung und ihre Rollenkarten (siehe Rückseite und Anhang).

Varianten:

- Alle Gruppen bearbeiten denselben juristischen Fall.
- zusätzliche Rollen eingliedern, z. B. Gerichtsreporter
- eine Gerichtsverhandlung besuchen (evtl. mit Richtern sprechen)
- evtl. ein Drehbuch schreiben und eine Verhandlung einstudieren

Arbeitsschritte:

1. Teilt die Klasse in drei Gruppen! Verteilt innerhalb eurer Gruppen gleichmäßig die Rollen der Verteidigung, Staatsanwaltschaft und Richter. Alle Schüler einer Rolle bilden eine Kleingruppe.

2. Ziel ist es, eine realitätsnahe Gerichtsverhandlung zu inszenieren. Beachtet dazu die Hinweise auf den Rollenkarten und berücksichtigt den Ablaufplan einer Gerichtsverhandlung (Arbeitsblatt 2).

3. Jede Kleingruppe erarbeitet gemeinsam für ihre Rolle alle nötigen Informationen und eine Strategie. Dabei ist es euch überlassen, inwiefern ihr euch mit den anderen Kleingruppen absprecht.

4. Entscheidet euch für die Schüler, die eure Rollen in der Verhandlung vertreten. Pro Rolle können mehrere Personen mitwirken (z. B. mehrere Richter, Zeugen, Sachverständige, Nebenkläger).

5. Jede Gruppe präsentiert ihre Gerichtsverhandlung am Ende der Klasse. Die Ergebnisse werden diskutiert.

Quelle: Nußbaum, 2018, Anhang, in Anlehnung u. a. an: TERRAMethoden. Zugriff am 24. April 2019 unter https://www2.klett.de/sixcms/media.php/82/21851_092_093.pdf

Thema: **Rechtsstellung der Jugendlichen**

3.2 Welche Rechte habe ich schon?

Ort: Unterrichtsraum
Material: Klebeband zur Teilung des Raumes (auch Kreidestrich möglich)

Beschreibung: Der Unterrichtsraum wird in zwei Hälften A und B unterteilt:
A: Ich habe dieses Recht. B: Ich habe nicht dieses Recht.
Während der Lehrer unterschiedliche Rechte aus dem Alltag vorliest (siehe Rückseite), gehen die Schüler durch den Raum. Die Schüler bewegen sich in Hälfte A, wenn sie denken, dass sie dieses Recht in ihrem Alter haben oder sie gehen in Hälfte B, wenn sie der Meinung sind, sie haben dieses Recht noch nicht. Auf Rechte, die je Bundesland verschieden sind, muss hingewiesen werden.

Varianten:

- Schüler stehen auf, wenn sie denken, dass sie dieses Recht haben bzw. bleiben sitzen, wenn sie denken, dass sie dieses Recht nicht haben.
- Bei jüngeren Schülern Inhalte modifizieren oder Aussage verändern „Wenn ich 16 Jahre alt bin, dann habe ich des Recht ...“

Beispiele für Jugendliche zwischen dem 16. und 18. Lebensjahr: (für Jüngere modifizieren)

Beispiele	**A:** (Ich habe dieses Recht.)	**B:** (Ich habe dieses Recht nicht.)
Ich darf in der Öffentlichkeit rauchen.	X	
Ich darf den Landtag wählen.	?	?
Ich darf Bier und Wein im Supermarkt kaufen.	X	
Ich darf mich ohne Erziehungsberechtigte nach 24 Uhr in einer Gaststätte aufhalten.		X
Ich darf mit meinen Eltern Nachtclubs besuchen.		X
Ich darf mit Erlaubnis meiner Eltern allein auf Reisen gehen.	X	
Ich darf mich auf eigene Faust piercen/tätowieren lassen.		X
Ich habe ein Recht auf Taschengeld.	?	?
Ich darf in den Ferien (bis zu 4 Wochen) Vollzeit arbeiten.	X	

Rechtsfragen. Zugriff am 24. April 2019 unter http://www.deine-rechte.de/html/das-darf-ich-deine-rechte.html

4 Wirtschaft

Klasse: 8-10/12

Thema: **Soziale Marktwirtschaft**

4.1 „Das magische Viereck“

Ort: Unterrichtsraum
Material: Übersichten mit Zielen der Wirtschaft, Schere, Stifte, Klebstoff, Tapetenrolle

Beschreibung: Im Raum finden 4er-Gruppen Infoblätter vor, von denen jedes Gruppenmitglied eines zieht. Daraufhin werden die zunächst gebildeten Gruppen aufgelöst und vier neue „Expertenteams“ zusammengestellt. Die vier Expertengruppen nehmen je ein Ziel des „magischen Vierecks“ (Preisstabilität, hoher Beschäftigungsstand, außenwirtschaftliches Gleichgewicht, Wirtschaftswachstum) genauer ins Visier. Nachdem die wichtigsten Inhalte in jeder Expertengruppe „beleuchtet“ wurden, gehen die Schüler in ihre Ausgangsgruppe zurück. Nun erfolgt ein Austausch unter den Schülern und somit eine Berichterstattung über das bearbeitete Thema. Zum Abschluss fertigt jede Gruppe ein Material/eine Collage des „magischen Vierecks“ an.

Varianten:

- evtl. Erweiterung des „magischen Vierecks“ zu einem Vieleck
- ggf. Preisstabilität und außenwirtschaftl. Gleichgewicht zusammenfassen

Aufgaben:

1. Findet euch in 4er-Gruppen zusammen. Verteilt untereinander die vier Infoblätter. Jedes Gruppenmitglied hat ein anderes Infoblatt.

2. Die Schüler, welche das gleiche Infoblatt haben, finden sich nun zu „Experten-Gruppen“ zusammen. Erarbeitet zusammen alle wichtigen Informationen zu eurem Teilziel des „magischen Vierecks“. Macht euch dazu Notizen.

3. Nun kehren alle zu ihren ursprünglichen Gruppen zurück. Jeder „Experte“ gibt sein Wissen an die Gruppe weiter. So sollt ihr ein Schaubild des „magischen Vierecks“ entwerfen. Alle Schaubilder werden am Ende der Klasse präsentiert und diskutiert.

Zusatzaufgabe: Informiert euch per Smartphone über die Erweiterung des Modells zum „magischen Vieleck“. Denkt gemeinsam darüber nach, welche Ergänzungen euch selber einfallen.

Quelle: Nußbaum, 2018, Anhang, in Anlehnung an Pichler, H. Zugriff am 24. April 2019 unter http://www.politischebildung.com/pdfs/pichler_a431.pdf

Thema: **Soziale Marktwirtschaft**

4.2 Angebot und Nachfrage

Ort: Unterrichtsraum

Material: Rollenanweisungen (siehe Rückseite) sowie Karten für Konsument bzw. Nutzer (siehe Arbeitsblatt 3)

Beschreibung: Es werden zunächst zwei Gruppen gebildet. Eine übernimmt die Rolle der Konsumenten, die andere jene der Anbieter. Die Schüler erhalten entsprechende Rollenanweisungen und Karten. Ziel der Konsumenten ist es, das imaginäre Produkt „Luridom“ möglichst günstig zu erwerben. Dazu können sie mit allen Anbietern verhandeln. Die Anbieter wollen das „Luridom“ möglichst teuer verkaufen. In einer Runde werden drei Durchläufe gespielt. Für die zweite Runde wechselt die Hälfte der Anbieter zu den Konsumenten. In der dritten Runde ist nur noch ein Schüler Anbieter, während alle anderen die Rolle der Konsumenten annehmen. Die Schüler sollen nach dem Rollenspiel erläutern, wie sich der Markt/der Preis bei wechselnden Angebot-Nachfrage-Konstellationen ändert. (Nußbaum, 2018, Anhang)

Rollenanweisungen

<table>
<tr>
<td><u>Konsument</u>
Ziel: möglichst viel „Luridom“ kaufen
• Pro Runde werden drei Durchläufe gespielt.
• Budget beträgt pro Runde 100 €.
• Du darfst kein Geld aus anderen Runden nutzen.
• Du darfst keine Schulden machen.
• Notiere immer deinen Einkaufspreis und dein Restbudget.</td>
<td><u>Anbieter</u>
Ziel: möglichst viel Geld verdienen
• Nenne den Konsumenten deinen Preis (du darfst diesen ständig verändern).
• Du kannst in einem Durchlauf maximal 15 „Luridom“ verkaufen. Wie du deine Verkäufe verteilst, ist dir überlassen.
• Die Produktionskosten betragen 10 €. Dein Produkt darfst du nicht billiger verkaufen.
• Notiere immer deinen Verkaufspreis und deinen Gewinn (Preis – 10 € = Gewinn).</td>
</tr>
<tr>
<td colspan="2"><u>Nach der 3.Runde:</u>
• Wertet eure Ergebnisse aus und vergleicht diese in der Klasse.
• Was ist euch in den einzelnen Runden aufgefallen? Wie hat die Anzahl der Konsumenten und Anbieter den Preis beeinflusst?</td>
</tr>
</table>

Quelle: Nußbaum, 2018, Anhang, in Anlehnung an: Wirtschaft und Schule. Zugriff am 24. April 2019 unter https://www.wirtschaftundschule.de/unterrichtsmaterialien/unternehmen-und-markt/unterrichtsentwuerfe/marktformen-und-wettbewerb.pdf

Thema: **Soziale Marktwirtschaft**

4.3 Konjunkturzyklus

Ort: Unterrichtsraum
Material: -

Beschreibung: Es werden drei Gruppen gebildet (Angebot, Nachfrage und Produktionspotential). Der Lehrer nennt eine Phase der Konjunktur und ein Schüler positioniert als „Konstrukteur" seine Mitschüler aus den drei Gruppen vor der Klasse so, dass das quantitative Verhältnis zwischen Angebot, Nachfrage und Produktionspotenzial der genannten Konjunkturphase entspricht. So können die Phasen Aufschwung, Hochkonjunktur, Abschwung und Tief dargestellt werden. Bei der Hochkonjunktur sollten z. B. (beinahe) alle Schüler der drei Gruppen vorn aufgestellt werden. Sind die Schüler nach Ermessen des „Konstrukteurs" positioniert, wird das Ergebnis diskutiert. Anschließend kann der nächste Schüler diese Aufgabe übernehmen und eine (andere) Konjunkturphase darstellen. (Pawleta, 2017; Nußbaum, 2018)

Variante: Der Lehrer greift in die Darstellung ein und verändert die Anzahl der Schüler einer Gruppe. So kann z. B. veranschaulicht werden, welche Auswirkungen eine abgeschwächte Nachfrage auf das Angebot und das Produktionspotenzal hat.
(Nußbaum, 2018, Anhang)

Arbeitsanweisung „Konstrukteur“

1. Du bist für die Darstellung der genannten Konjunkturphase verantwortlich. Bewege dazu aus den drei Gruppen eine von dir bestimmte Anzahl an Schüler vor die Klasse. Achte darauf, dass das Verhältnis zwischen den Schülern der verschiedenen Gruppen dem Verhältnis von Angebot, Nachfrage und Produktionspotenzial in der jeweiligen Konjunkturphase entspricht.

2. Erläutere der Klasse, wie du zu deiner Darstellung gekommen bist. Geh dabei auf die Eigenschaften der Konjunkturphase ein und beschreibe die Zusammenhänge zwischen den drei Einflussgrößen.
(Nußbaum, 2018, Anhang)

Thema: **Soziale Marktwirtschaft**

4.4 Preisbildung

Ort: Unterrichtsraum

Material: Infoblätter mit Beispielen der Kostenaufstellung von Produkten (Einbezug von Arbeitskosten, Kosten der Produktionsgüter, Fixkosten des Grundstücks und des Gebäudes etc.)

Beschreibung: Jede von drei Gruppen besteht aus Lieferanten, Produzenten und Händlern. Es soll eine marktähnliche Situation erzeugt und für ein Produkt der Preis gebildet werden. Die Lieferanten erstellen als erstes ein Angebot, das sie den Produzenten vorschlagen. Die Produzenten geben die Preise an den Händler weiter. Der Händler präsentiert den endgültigen Preis ihrer Gruppe. Analog verfahren die anderen Gruppen. Somit können am Schluss auf dem Markt die Preise verglichen werden. (Pawleta, 2017 nach einer Idee von Lehmann, 2004)

Variante: Die Gruppen werden aufgelöst. Die einzelnen Anbieter können mit den anderen Marktteilnehmern verhandeln.

Beispielaufgaben:

- Welche Faktoren muss man bei der Preiskalkulation beachten (allgemein)?
- Was sind typische Fehler bei der Preiskalkulation?
- Finde heraus, wie die Marktlage deines Produktes ist - Zahlungsbereitschaft der Zielkunden ermitteln!
- Welches Marktpotential hat dein Produkt – gibt es konkurrierende Anbieter in deiner Nähe?
- Nenne die Folgen von Preissenkung oder Preiserhöhung eines einzelnen Anbieters für den Markt!
- Welche Zielgruppe sprichst du mit deinem Produkt an und wie kannst du am besten auf dich und deine Produkte aufmerksam machen?

Quelle: Sieber, 2019, in Anlehnung an: Impulse. Zugriff am 14. Dezember 2019 unter https://www.impulse.de/gruendung/was-grunder-bei-der-preiskalkulation-beachten-mussen/2003694.html

Thema: **Soziale Marktwirtschaft**

4.5 Ich habe das Recht ...

Ort: Unterrichtsraum
Material: Broschüren zum Verbraucherrecht

Beschreibung: Die Jugendlichen informieren sich in Broschüren, welche im Raum verteilt sind, über Rechte und Pflichten des Verbrauchers. Nachdem sich die Schüler auf einen kurzen Dialog vorbereitet haben, spielen sie die entsprechende Szene zu einem bestimmten Thema nach (Beispiele für Szenen siehe Rückseite).

Varianten:

- Video zeigen, z. B. zu finden unter Verbraucherzentrale Bundesverband auf YouTube
- Mitarbeiter der Verbraucherschutzzentrale einladen
- evtl. eine Verbraucherschutzzentrale besuchen

Beispiele für Spielszenen:

- ein Verkauf an der Haustür
- Bestellen über das Internet (Dialog mit den Eltern)
- Herunterladen von Musik (Dialog mit den Eltern)
- Abschließen einer Versicherung
- Einfordern eines Garantieanspruchs
- Streitgespräch zwischen einem Mieter und einem Vermieter
- Reklamation einer Ware
- Streit zwischen einem Handwerker und einem Hausbesitzer auf Grund einer schlechten Reparatur der Wasserleitung

Thema: **Soziale Marktwirtschaft**

4.6 Ein ökonomisches Prinzip: Arbeitsteilung

Ort: Unterrichtsraum
Material: Scheren, A4-Blätter, Filzstifte/Buntstifte

Beschreibung: Es werden Kleingruppen gebildet. Die Schüler aus zwei vom Lehrer bestimmten Gruppen arbeiten komplett selbstständig. Alle anderen Gruppen dürfen ihre Arbeitsschritte innerhalb ihrer Gruppe nach eigenem Belieben aufteilen. Ziel für alle ist es, möglichst viele Papierschlangen in einer vorgegebenen Zeit (ca. 8 Minuten) zu erstellen. Die Papierschlangen müssen gewisse Normen erfüllen (siehe Rückseite). Zur Auswertung muss jede Gruppe einen Fragebogen ausfüllen (siehe Rückseite).

Varianten:

- Die Schüler holen das Papier am Lehrertisch/in einer Ecke des Raumes ab (Stichwort: Lieferweg).
- Alle Schüler arbeiten zunächst allein und anschließend in Gruppen.
- Pro Gruppe wird ein Produktionsmanager bestimmt, der die Arbeitsweise vorgibt (eventuell nach Vorlage des Lehrers). (Nußbaum, 2018, Anhang)

Arbeitsanweisungen

1. Bildet Gruppen von drei bis vier Schülern.
2. Jede Gruppe produziert mit Hilfe der Lineale, Scheren und Farbstifte möglichst viele Papierschlangen. Diese müssen 100 cm lang und 3 cm breit sein und farbig bemalt werden. Ihr habt dafür 8 Minuten Zeit. Die Schüler, der vom Lehrer genannten Gruppen, arbeiten jeweils allein. Alle anderen können sich die Aufgaben innerhalb ihrer Gruppe aufteilen.
3. Füllt nach Ablauf der Zeit folgenden Fragebogen aus und besprecht eure Ergebnisse in der Klasse.

Wie viel Papierschlangen habt ihr produziert?	
Welche Produktionsstrategie habt ihr angewandt? Beschreibt diese.	
Welche Vor- und Nachteile habt ihr bei eurer Strategie festgestellt?	
Wie könntet ihr eure Produktion weiter optimieren? (Ziel: mehr Schlangen in weniger Zeit)	

Quelle: Nußbaum, 2018, Anhang, in Anlehnung an: SWR/WDR. Zugriff am 24. April 2019 unter https://www.planet-schule.de/fileadmin/dam_media/swr/mona_monete/pdf/mm02b.pdf

Thema: **Soziale Marktwirtschaft**

4.7 Geldstrahl

Ort: Unterrichtsraum
Material: Zahlenstrahl aus Klebeband (siehe Rückseite)

Beschreibung: Im Zimmer wird ein „Geldstrahl" auf den Fußboden aufgeklebt und unterteilt in Euro-Beträge (Millionen). Der Lehrer liest verschiedene Staatsausgaben vor (z. B. Verteidigung). Die Schüler schätzen wie viel Millionen-Euro der Staat dafür ausgibt und stellen sich entsprechend an den Strahl. So bekommen die Schüler einen Eindruck über die Verteilung der Staatsausgaben.

Varianten:

- Verteilung der Staatseinnahmen
- Verteilung der Freizeitausgaben
- Vergleich Staatseinnahmen und Staatsausgaben (auf Staatsverschuldung hinweisen)

Der Geldstrahl

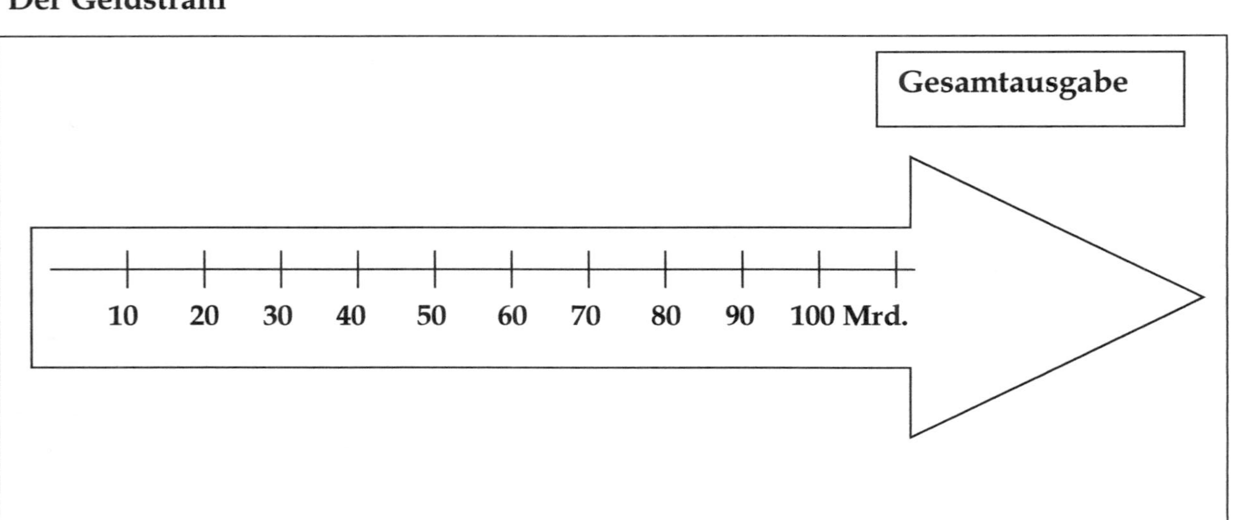

Literaturhinweis: Das Bundesfinanzministerium hat eine übersichtliche Kreisgrafik zu den Einnahmen und Ausgaben des Bundeshaushaltes (siehe www.bundesfinanzministerium.de)

Thema: **Soziale Marktwirtschaft**

4.8 Soziales Netz

Ort: Unterrichtsraum
Material: zwei Wäscheleinen, Klammern, Informationsmaterial

Beschreibung: Zwei Wäscheleinen werden im Zimmer so gespannt, dass sich der Unterrichtsraum in vier gleich große Teile aufgliedert. Gleichermaßen erfolgt eine Splittung der Klasse in vier Gruppen. Jede dieser Gruppen repräsentiert eine der folgenden Sozialversicherungen: Kranken-, Arbeitslosen-, Pflege- und Rentenversicherung. Auf der Leine befinden sich Materialien und Bilder oder Karikaturen der jeweiligen Versicherungen. Die Aufgabe jeder Schülergruppe besteht darin, die fachlich korrekten Informationen zu finden, um diese dann von der Leine zu nehmen. Mit den passenden Materialien fertigen die Gruppen eine Collage an, welche anschließend vor der Klasse vorgestellt und begründet wird.

Variante: zusätzlich Unfallversicherung mit einbeziehen

Thema: **Soziale Marktwirtschaft**

4.9 Besuch bei einem Unternehmen

Ort: Unternehmen/Betrieb
Material: evtl. Videokamera

Beschreibung: Die Schüler besuchen ein größeres Unternehmen in der Nähe der Schule. Durch diese Besichtigung sollen die Schüler den Aufbau eines Betriebes, die Produktionsstätten, die Produktionsmittel und die Produkte sowie die Aufgaben des Arbeitgebers und der Arbeitnehmer kennenlernen.

Variante: Die Schüler fertigen über das Unternehmen Plakate, Projektmappen oder Präsentationen/Videos an (evtl. als Kleingruppenarbeit).

Thema: **Ökologie**

4.10 Was meinst du?

Ort: Unterrichtsraum
Material: -

Beschreibung: Jeder Schüler hat sich auf eine konkrete Umweltproblematik (siehe Rückseite) vorbereitet. Die eine Hälfte der Klasse sucht sich einen Partner. Dieser stellt seine ausgewählte Problematik vor und fordert zur Meinungsäußerung auf. Beide tauschen ihre Positionen aus. Dabei können auch Lösungsansätze erörtert werden. Anschließend geht der Jugendliche, der nach seiner Meinung befragt wurde, zu einem neuen Partner. (Sprechmühle)
Zum Abschluss treffen sich Schüler, die ähnliche Umweltprobleme aufgegriffen haben, und tragen die eigenen und die gehörten Positionen zusammen.

Variante: evtl. ein Poster zu einem Umweltproblem in Gruppenarbeit anfertigen und der Klasse präsentieren

Die wichtigsten Umweltprobleme (aus Sicht der Deutschen)

• Luftverschmutzung	• Artenschutz/Tiersterben
• Erderwärmung/Klimawandel	• Abholzung
• (Verpackungs-)Abfall	• Abreicherung von Bodenschätzen
• Emissionen	• mangelhafte Trinkwasserqualität
• Wasserverschmutzung	• Bodenerosionen

Quelle: Nußbaum, 2018, Anhang, in Anlehnung an Statista GmbH. Zugriff am 24. April 2019 unter https://de.statista.com/statistik/daten/ studie/4630/ umfrage/wichtigste-umweltprobleme-in-deutschland/

Thema: **Ökologie**

4.11 Diskussionsforum

Ort: Unterrichtsraum
Material: Themenkarten

Beschreibung: Die Schüler bilden Kleingruppen. Jeder zieht eine Rolle zu einem bestimmten Thema, die die Schüler dann in einem Rollenspiel darstellen. Dabei ist es wichtig, aktuelle Themen aus dem Alltag der Schüler einzubringen, wie z. B. das Vereinbaren von Umweltschutz und Skilager. Hier könnten beispielsweise folgende Personen an der Diskussion beteiligt werden: der Bauer/der Förster, der Gastwirt der Skihütte, ein Schüler, ein Elternteil und der Skiliftbetreiber. Jeder vertritt seine Meinung zu dem Thema. Nachdem sich die Schüler kurz Gedanken zur Argumentation gemacht haben, kommen sie nach vorn zum Diskussionsforum. In der Runde werden nun die Argumente für und gegen das Skifahren diskutiert. Die nächste Gruppe erörtert ein anderes Thema. Zum Abschluss notieren sich die Schüler die wichtigsten Pro- und Kontra-Argumente in ihren Hefter. (Pawleta, 2017)

Beispiele für Themen und Rollen

Problematik	Rollen
• Bau eines Einkaufcenters	• ein Anwohner aus der Umgebung des Centers • ein Unternehmer mit Standort in der Innenstadt • ein Bürger • ein Kommunalpolitiker/der Bürgermeister
• Skatepark oder Erholungspark	• ein Skater • ein Chef eines naheliegenden Geschäfts • ein Anwohner aus der Umgebung • ein Rentner • ein Betreiber eines Jugendclubs
• Neue Sneaker – kaufen oder nicht kaufen?	• ein Händler des Schuhladens • ein Vorsitzender der Sneaker-Marke • ein Naturschützer im Ort der Fabrik • ein Arbeiter in der Fabrik • ein Schüler mit Interesse an den Sneakern
• Tätowieren/piercen oder nicht?	• ein Betreiber eines Studios • ein Elternteil • ein Jugendlicher mit Interesse • ein tätowierter/gepiercter Erwachsene

(Nußbaum, 2018, Anhang)

Thema: **EU**

5.1 Länder der EU

Ort: Unterrichtsraum, Schulhaus

Material: geografische Europakarte (DIN A4-Blatt für jeden Schüler), Karten mit europäischen Ländern, Buntstifte, Informationen zur EU, Zeitstrahl (Klebestreifen oder Kreide)

Beschreibung: Im Raum werden Kärtchen mit den Mitgliedsstaaten der EU bzw. den Ländern, die einen Antrag auf Mitgliedschaft gestellt haben, verteilt. Die Schüler gehen daraufhin paarweise durch den Raum und ziehen ein bis zwei Kärtchen. Sie informieren sich in den ausgelegten Materialien, zu welchem Zeitpunkt das jeweilige Land der EU beigetreten ist bzw. wann das „Nichtmitgliedsland" voraussichtlich eintreten wird. Die Schüler sortieren sich im Raum nach EU-Mitgliedern sowie Beitrittskandidaten und danach auf einem Zeitstrahl nach dem Beitrittsjahr (s. Rückseite).

Varianten:

- mit unterschiedl. Farben (je nach Beitrittsjahr) die Länder der EU in die Europakarte eintragen, dadurch eine Übersicht über die ständige Erweiterung der EU erhalten
- evtl. besondere Ereignisse einordnen, z. B. Brexit
- fachübergreifend (Geografie) ergänzen mit Hauptstadt, Amtssprache u. a.

Zeitstrahl Beitrittsjahre EU

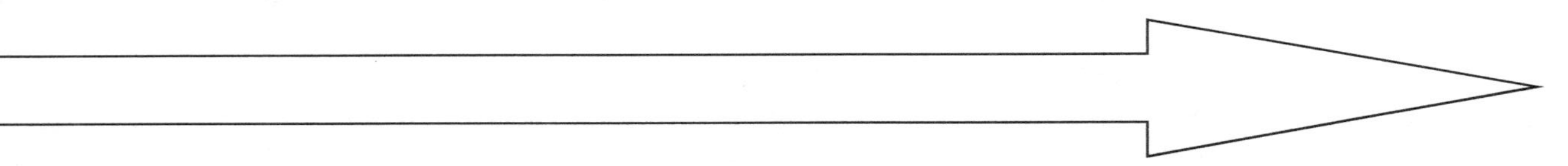

1958	**1973**	**1981**	**1986**	**1995**	**2004**	**2007**	**2013**	**...**	**...**
DE (1990) **BE, FR** **IT, LU** **NL**	**DK, IE** **GB**	**GR**	**PT, ES**	**FI, AT** **SE**	**EE, LV,** **LT, MT,** **PL, SK,** **SI, CZ,** **HU, CY**	**BG,** **RO**	**HR**		

Thema: **EU**

5.2 EU-Quartett

Ort: Unterrichtsraum
Material: Karteikarten

Beschreibung: Jeder Schüler erhält eine Karteikarte, je vier bilden ein Quartett (typischen Merkmale des jeweiligen Landes, z. B. Ländername, Hauptstadt, Flagge, Politisches System, Regierungschef). Die Aufgabe der Schüler besteht nun darin, sich im Raum zu bewegen und durch Nachfragen ihre jeweiligen Quartettpartner zu finden. (Lauf, o.J.)

Varianten:

- erweiterter Bewegungsraum
- Es sind Länderkarten im Raum verteilt, die Schüler finden sich und bringen die Karten zu den jeweiligen Ländern. Im Anschluss notieren sich die Schüler die Informationen zu den einzelnen Ländern in ihre Hefter.

Thema: **Konfliktfelder**

5.3 Arm oder reich?

Ort: Unterrichtsraum, Schulhaus

Material: geografische Weltkarte, Kärtchen in drei unterschiedlichen Farben (z. B. Industriestaaten – grün, Entwicklungsländer – rot, Schwellenländer – gelb), Magneten, Informationsmaterial zu entsprechenden Ländern (siehe oben)

Beschreibung: An der Tafel befinden sich drei farblich unterschiedliche Überschriften: Industriestaaten, Entwicklungsländer, Schwellenländer. Jeder Schüler informiert sich mithilfe des ausliegenden Materials, entscheidet sich für ein konkretes Land und notiert dieses auf einer Karte entsprechender Farbe. Auf ein Zeichen gruppieren sich die Schüler entsprechend der Überschriften im Raum (links im Zimmer – mittig – rechts). Nacheinander wählen die Gruppen einzelne Schüler aus, die das jeweilige Land an der Tafel anheften, auf der Weltkarte zeigen und wesentliche wirtschaftliche und politische Eckdaten kurz vorstellen (Regierungsform, Exportland, Hauptexportgüter, ggf. Konflikte bzw. Krieg).

Varianten:
- siehe Rückseite

Varianten:

- Auf dem Flur skizzieren die Schüler den Umriss einer Weltkarte. Sie ordnen ihre Länder ein. Dadurch bekommen sie einen Überblick, in welcher Region sich die Entwicklungsländer befinden.
- Die Weltkarte kann auch auf dem Schulhof mit Kreide aufgemalt oder mit Seilen gelegt werden.
- Das Positionieren auf der Weltkarte kann mit unterschiedlich schwierigen Bewegungen verbunden werden, z. B.:
  Entwicklungsland – halber Liegestütz
  Schwellenland – Einbeinstand
  Industrieland – Sitzen)
  Diese Methode soll erklären, wie schwer es die Menschen in den jeweiligen Regionen haben. (Sieber, 2019)

Thema: **Konfliktfelder**

5.4 Hilfsorganisationen

Ort: Unterrichtsraum

Material: vorbereitende Kärtchen mit Namen von mindestens vier Hilfsorganisationen (z. B. UNCTAD, Amnesty International, terre des hommes, Caritas international, SOS Friedensdörfer, UNO-Flüchtlingshilfe, Ärzte ohne Grenzen etc.), Arbeitsmaterialien

Beschreibung: Jeder Schüler nimmt sich ein umgedreht liegendes Kärtchen vom Lehrertisch und ordnet sich der entsprechenden Organisation zu. Es bilden sich z. B. vier Gruppen in je einer Ecke des Zimmers. Die Schüler informieren sich nun mit Hilfe der vorhandenen Arbeitsmaterialien über Aufbau und Arbeitsweise der jeweiligen Hilfsorganisation und stellen ihre Ergebnisse der Klasse vor.

Variante: als Hausaufgabe vorbereiten

Thema: **Konfliktfelder**

5.5 Konflikte und Kriege

Ort: Unterrichtsraum
Material: geografische Weltkarte, Zeitungen bzw. Materialien zum Thema

Beschreibung: Die Schüler gehen paarweise durch den Raum und informieren sich anhand von ausgelegten Zeitungen bzw. zusätzlich bereitgestellten Materialien über aktuelle Konflikte und Kriege auf der Welt. Sie suchen sich einen Konflikt aus, den sie genauer bearbeiten. Anschließend bilden die Schülergruppen mit dem gleichen Konflikt bzw. Krieg eine größere Gruppe und tauschen ihre Ergebnisse aus. Zum Abschluss erklärt ein Schüler der Gruppe der gesamten Klasse den jeweiligen Konflikt bzw. Krieg. Zum besseren Verständnis steht eine Weltkarte zur Verfügung, an dem der Ort, die Beteiligten, der Zeitraum etc. gezeigt werden. Dadurch erhalten die Schüler einen Überblick über die internationalen Hauptkriegsorte.

Variante: Zum Abschluss wird ein Plakat zu jedem Konflikt mit den wesentlichen Inhalten stichpunktartig erstellt. als Hausaufgabe vorbereiten

Thema: **Konfliktfelder**

5.6 Wie werden Konflikte bewältigt?

Ort: Unterrichtsraum

Material: geografische Weltkarte mit gekennzeichneten Ländern, in denen ein Konflikt herrscht, Informationsmaterial über das jeweilige Land und die UN

Beschreibung: In jeder Ecke des Raumes befindet sich ein „Staat" (Staatschef, Stellvertreter, Verteidigungsminister, Außenminister, Wirtschaftsminister, ggf. weitere Teilnehmer) sowie ein Tisch mit Informationen über das jeweilige Land. Je eine Schülergruppe stellt einen Staat dar. In der Mitte des Raumes befindet sich ein UN-Gremium. Die Außenminister oder Stellvertreter bzw. anderer Vertreter finden sich beim UN-Gremium ein, um über ein bestimmtes Problem zu sprechen. Jeweils ein Vertreter der UN kann als neutraler Beobachter in ein Land reisen, um sich ein Bild von der Lage vor Ort machen. Am Ende wird eine UN-Vollversammlung abgehalten, bei der die fünf ständigen Mitglieder des UN-Sicherheitsrates (USA, China, Großbritannien, Frankreich, Russland) einen Beschluss zu jedem Konfliktgebiet treffen. (Kienlein, o.J.)

Varianten:

- siehe Rückseite

Varianten:

- Zu jedem Konflikt kann ein Plakat erstellt werden, welches die Interessen der involvierten Staaten sowie die Problemstellung beinhaltet.
- Die Gruppen können untereinander die Rollen tauschen (Perspektivwechsel).
- Es kann ein „Staatentreffen mit Pressekonferenz“ stattfinden, bei dem die involvierten Staaten an einem Tisch sitzen und ein Moderator oder auch mehrere Journalisten Fragen zum Konfliktthema stellen.
- Das UN-Gremium muss aus den gewonnenen Informationen und Interessen der Staaten den besten Kompromiss erstellen und diesen dann vorstellen.
- (Sieber, 2019)
- Die Umsetzung kann als Doppelstunde oder als Projektarbeit konzipieren werden.

6 Übergreifend

Klasse: 7-10/12

Thema: **Präsentieren**

6.1 Karikaturen deuten

Ort: Unterrichtsraum

Material: Karikaturen aus Zeitungen/Zeitschriften

Beschreibung: Im Zimmer befinden sich verschiedene Karikaturen zu einem politischen Thema. Die Schüler gehen durch den Raum und schaffen sich einen Überblick über alle ausgelegten Karikaturen. Danach finden sie sich zu Kleingruppen zusammen und bearbeiten eine ausgewählte Karikatur. Unterstützung dafür kann ein Leitfaden und die Formulierung von Stichpunkten geben (siehe Rückseite). Anschließend werden die Ergebnisse der Gruppenarbeit der Klasse vorgestellt.
(Bundeszentrale für politische Bildung, 2018)

Variante: Evtl. vorher erklären: Wie analysiere ich eine Karikatur? (fachübergreifend mit Deutsch)

Möglicher Leitfaden:

Schritt 1: Beschreiben
- Informationen über Karikaturisten, Entstehungszeit und -ort, Quelle
- dargestellte Personen, Gegenstände, Symbole sowie Ereignisse/Situationen
- Bildaufbau, Informationen der Über- und Unterschriften sowie Aufschriften
- zeichnerische Gestaltungsmittel (Bilder, Symbole, Farben, Größenverhältnisse u. a.)

Schritt 2: Deuten
- politischer Sachverhalt/(aktueller) Hintergrund
- Zusammenhang von Bild und Text
- Gesamtaussage der Karikatur

Schritt 3: Einordnen und Bewerten
- übergeordneten Zusammenhang der Thematik
- Positionen des Zeichners erfassen (wofür – wogegen)
- eigene Meinung zum Sachverhalt, evtl. Fragen

Quellen: Karrikatur. Zugriff am 29. November 2019 unter
https://www.sachsen.schule/~sud/methodenkompendium/module/1/6_1.htm
Karika-Tour. Zugriff am 1. Dezember 2019 unter
https://www.bpb.de › 5683_akt_methoden-kiste_8aufl_180509_online

Thema: **Präsentieren**

6.2 „Einfrieren"

Ort: Unterrichtsraum
Material: -

Beschreibung: Zum Unterrichtsthema können Begriffe, Erfahrungen, Gefühle, Meinungen, Einstellungen, Lösungsvorschläge u. a. durch Körperhaltung und -sprache ausgedrückt werden. Dazu bewegen sich die Schüler durch den Raum. Nach einem Stoppzeichen (Zuruf, Klatschen, Gong, Musikunterbrechung u. a.) nennt der Lehrer einen Begriff oder eine Situation. Jeder nimmt eine dazu passende Körperhaltung ein und erstarrt (für etwas eine halbe Minute). Auf ein zweites Zeichen gehen alle wieder durch den Raum.

Varianten:

- Jeweils ein Schüler formt seinen Partner zu einem Standbild und schaut sich nach dem „Einfrieren" die Lösungen anderer Paare an. Rollenwechsel
- In Kleingruppen formt ein „Baumeister" Beziehungen von Personen zueinander.
- weitere Varianten und Themenbeispiele siehe Rückseite

Varianten:

- Die Ergebnisse werden mit den Handys fotografiert.
- Die Standbilder werden anschließend gemeinsam besprochen, dabei wird auch durch die Akteure deren Einstellungen und Gefühle ausgedrückt.
- Die Weiterführung zum szenischen Gestalten kann erfolgen.

Themenbeispiele:

- Verhältnis der Jugend zur Politik, Konflikte zwischen Eltern und Jugendlichen, Freundschaft, Clique und Außenseiter, Demokratie in der Schule, Mitwirkungsmöglichkeiten, Wut, Angst, Freude, Politikverdrossenheit
- Grundrechte, Wahlgrundsätze, Nichtwähler, Wahlkampf, fremdenfeindliche Ausschreitung, Mediennutzung
- Kaufvertrag, Reklamation, Personengruppen (Unternehmer, Mitarbeiter, Arbeitsloser)
- internationale Konflikfelder, Friedenssicherung, Unterdrückung, Solidarität

Quelle: Pawleta, 2017, in Anlehnung an: Standbilder Zugriff am 30. Juli 2017 unter https://www.bildung-lsa.de/files/219b51620fe38c50f166629b8bc0aeaa/methodenkiste_bpb.pdf

Thema: **Präsentieren**

6.3 Nachspielen von politischen Situationen

Ort: Unterrichtsraum
Material: -

Beschreibung: In Kleingruppen überlegen sich die Schüler eine Situation im Alltag, die mit Politik zu tun hat. Sie schreiben diese als kleine szenische Darstellung auf und präsentieren sie vor den anderen Gruppen. Gemeinsam wird ein Fazit gezogen.

Variante: Beispiele für politische Situationen - siehe Rückseite

Beispiele für politische Situationen:

- eine Rede im Bundestag (Thema vorgeben)
- eine Gemeinderatssitzung (Thema vorgeben)
- Diskussion über das Leben mit Flüchtlingen
- Werbespot einer Partei vor einer Wahl
- eine politische Talkshow/Interview mit einem Politiker
- eine Demonstration zum Thema ....
- Gerichtsverhandlung
- Wahlgang
- Petition

Thema: **Wissen festigen**

6.4 Grundbegriffe

Ort: Unterrichtsraum
Material: Karteikarten (siehe Rückseite)

Beschreibung: Vorbereitend fertigen die Schüler Karten mit Begriffen (Vorderseite) und entsprechenden Erklärungen auf der Rückseite an. Die Schüler bewegen sich paarweise durch den Raum, nennen sich den jeweiligen Begriff und erklären diesen. Sie schreiben sich Begriff und Erklärung des Partners auf und kontrollieren. Die Karten werden getauscht und ein neuer Partner gesucht.

Varianten:

- Lernkarten
- Politik-Tabu:
  Auf der Vorderseite steht ein Begriff – auf der Rückseite befinden sich fünf Wörter, die bei der Erklärung nicht genannt werden dürfen.
- „Jeopardy“:
  Zu einem Begriff soll so schnell wie möglich eine Frage formuliert werden.

Beispiel für eine Lernkarte:

Vorderseite	Rückseite
Grundgesetz	Ist die Verfassung der BRD. Das GG trat 1949 in Westdeutschland in Kraft und gilt seit 1990 für Gesamtdeutschland. Es beinhaltet Grund- und Menschenrechte, die das Zusammenleben in der BRD regeln.

Beispiel für Politik-Tabu:

Vorderseite	Rückseite
Grundgesetz	- Verfassung - Grundrechte - Gesetz - Artikel - Buch

Thema: **Wissen festigen**

6.5 Was fehlt?

Ort: Unterrichtsraum
Material: Karten (siehe Rückseite)

Beschreibung: Auf jedem Platz ist eine Karte verteilt. Auf diesem steht ein Satz zu einem politischen Thema. In jedem Satz fehlt aber ein Wort. Die Schüler wechseln die Plätze, schauen sich die Sätze an und schreiben sich das fehlende Wort auf einen Zettel. Am Ende werden die gefundenen Wörter verglichen.

Varianten:

- Die fehlenden Wörter können einen Lösungssatz ergeben.
- Lückentext (siehe Anhang 4)

Was fehlt?

Satz	Fehlendes Wort
Die ________________ ist ein demokratischer und sozialer Bundesstaat.	Bundesrepublik Deutschland
In der Bundesrepublik Deutschland sind die Menschen- und Grundrechte im ______________ verankert.	Grundgesetz
Ein demokratischer Staat besitzt eine _________________ , in der das Zusammenleben der Menschen durch Gesetze geregelt ist	Verfassung

Vorgegebener Lösungssatz	Vollständiger Lösungssatz
Das ____________ ist die _____________ der ________________________ .	Das Grundgesetz ist die Verfassung der Bundesrepublik Deutschland

Thema: **Wissen festigen**

6.6 Ergänze sinnvoll !

Ort: Unterrichtsraum
Material: DIN A3-Blätter und Stifte

Beschreibung: Vorgegebene Oberbegriffe werden an der Tafel oder auf ausliegenden DIN A3-Blättern sinnvoll mit Begriffen oder auch Jahreszahlen ergänzt, die im Zusammenhang stehen. Dabei kann in der Gruppe entsprechendes Wissen gefestigt werden (Beispiel siehe Rückseite).

Varianten:

- Gemeinsames Erstellen einer Mindmap auf den DIN A3-Blättern
- Die Begriffe sind auf kleinen Zetteln im Zimmer verteilt, die Schüler bewegen sich im Raum, nehmen jeweils ein Zettel und bringen diesen mit Magneten an der Tafel bei dem entsprechenden Oberbegriff an. Im Anschluss wird gemeinsam geprüft, ob die Begriffe richtig angebracht wurden.
- Die Schüler dürfen ihren Hefter benutzen oder nicht.

Ergänze sinnvoll!

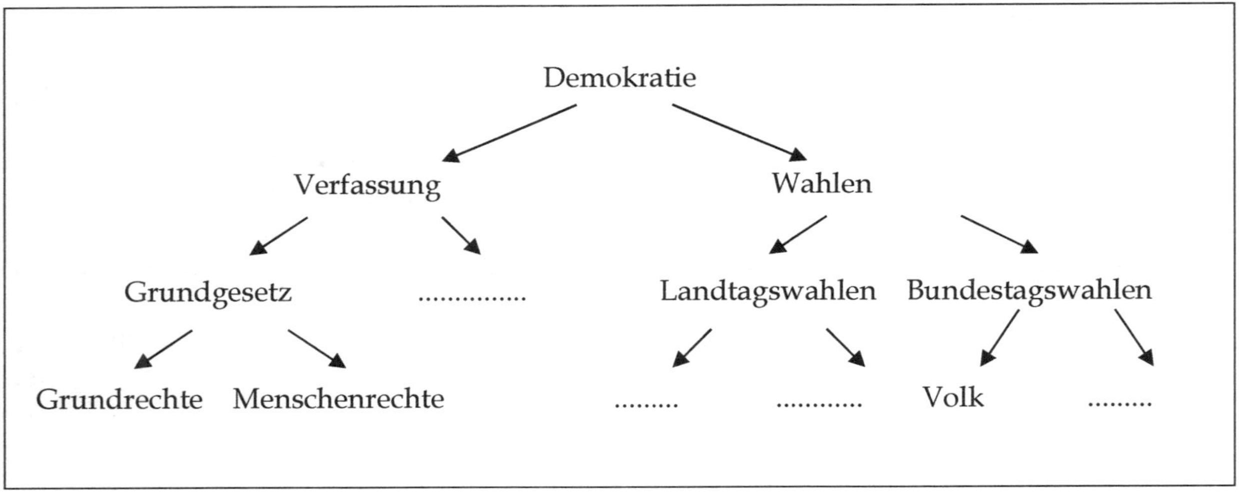

Demokratie

Verfassung — Wahlen

Grundgesetz — .... — Landtagswahlen — Bundestagswahlen

Grundrechte — Menschenrechte — .... — .... — Volk — ....

Thema: **Diskutieren**

6.7 Argumentieren in der Sprechmühle

Ort: Unterrichtsraum
Material: Tafel/Beamer, ggf. Lautsprecher

Beschreibung: Der Lehrer gibt nach und nach politische Thesen (siehe Rückseite) vor. Die Schüler bewegen sich kreuz und quer durch den Raum und sammeln gedanklich Argumente, um ihre Position zur These zu artikulieren. Mit einem zuvor vereinbarten Signal suchen sich alle Schüler einen Gesprächspartner. Partner A beginnt seine Gedanken zur These zu äußern. Partner B hört aufmerksam zu. Anschließend äußert Partner B seine Sichtweise. Nun beginnt der nächste Durchlauf.

Varianten:

- Die Schüler bewegen sich zur Musik. Stoppt diese suchen sie sich einen Partner.
- Die Schüler notieren Argumente des Partners. Diese werden an der Tafel für alle sichtbar gemacht und im Plenum diskutiert.
- Lehrer nennt originelle Ideen zur Findung von Partner A und B. (Wer hat kleinere Hände/kommt bei gestreckten Knien tiefer zum Boden etc.) (Nußbaum, 2018)

Mögliche Thesen:

- In Regionen mit hoher Arbeitslosigkeit versagt die Politik.
- Der Staat sollte unbedingt nach Schuldenfreiheit streben.
- Der Umweltschutz ist Aufgabe jedes einzelnen, nicht der Politik.
- Die Bildungspolitik sollte in allen Bundesländern gleich sein.
- Die Medien sind die vierte Staatsgewalt in Deutschland.
- Mehr Videoüberwachung führt zu mehr Sicherheit.
- Die Bundeswehr sollte sich in internationalen Konfliktgebieten eingesetzt werden.
- Wir Schüler sollten in unserer Schule mehr mitbestimmen können.

Quelle: Nußbaum, 2018, Anhang, in Anlehnung an: Sächsisches Staatsinstitut für Bildung und Schulentwicklung. Zugriff am 24. April 2019 unter http://www.sn.schule.de/~sud/methodenkompendium/module/1/2_3.htm

Thema: **Diskutieren**

6.8 Diskutieren - einmal anders!

Ort: Unterrichtsraum
Material: evtl. Sitzbälle

Beschreibung: Um die Diskussion vielseitig und interessant zu gestalten, müssen Alternativen zum gewöhnlichen „Sitzunterricht“ angeboten werden. Diskussionen im Stehen, Gehen und sogar im Liegen sind Möglichkeiten, die das Diskussionsgespräch auflockern und häufig auch das Interesse des Schülers wecken.

Varianten:

- alternative Sitzgelegenheiten einsetzen: Sitzbälle/Sitzkissen/Hokki
- unterschiedlichen Sitzpositionen anwenden (siehe Rückseite)

Diskutieren einmal anders!

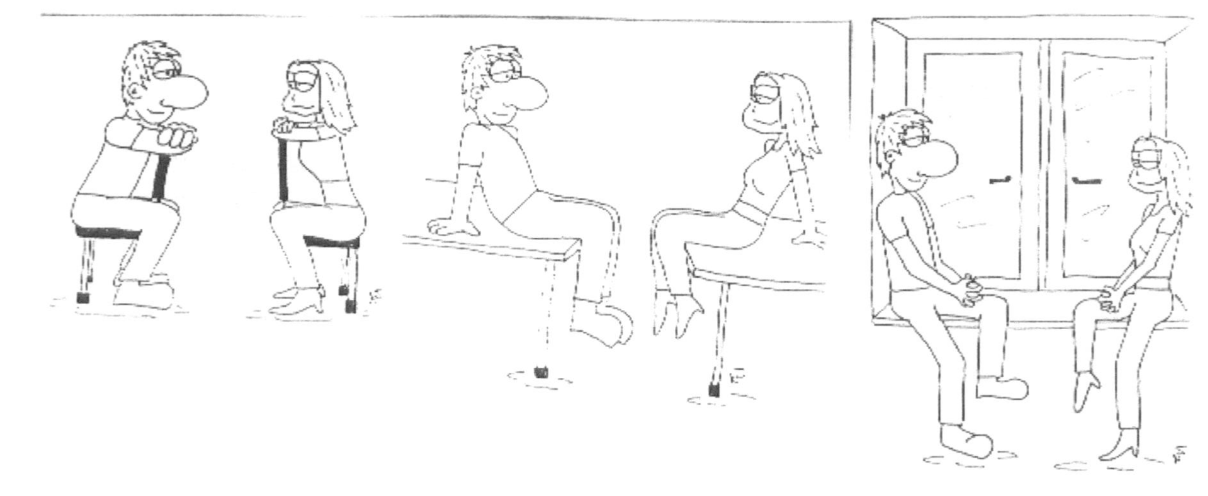

Thema: **Meinungen kommentieren**

6.9 Meine Meinung ist ...

Ort: Unterrichtsraum
Material: Karton

Beschreibung: Der Lehrer befragt die Schüler nach ihrer Meinung zu einem ausgewählten politischen Thema. Die Schüler notieren sich ihre Meinung auf einen Zettel und werfen diesen dann in einen Karton, der sich auf dem Lehrertisch befindet. Anschließend greift jeder Schüler wahllos in den Karton und zieht einen beliebigen Zettel. Im Zimmer verteilt lesen alle nacheinander die jeweilige Notiz vor und kommentieren/bewerten diese in einer kurzen Form.

Variante: Jeder Schüler definiert einen politischen Begriff aus seiner Sicht.

Eigene Beispiele

Klasse:

Thema:

Titel:

Ort: Unterrichtsraum
Material:

Beschreibung:

Varianten:

Arbeitsblatt 1:

Verfassungsorgane

Material: Material zu den Verfassungsorganen der BRD und deren Aufgaben, Lückentexte

Aufgaben:
Vervollständige mithilfe der ausliegenden Materialien die Abbildung (s. Rückseite).

Ordne dabei zuerst die Verfassungsorgane der Legislative, Exekutive oder Judikative zu.

Zusatzaufgabe:
Lege dir eine Tabelle an und trage zu den Verfassungsorganen deren Aufgaben ein.

Quelle: Schrinner, o.J., in Anlehnung an
http://www.bpb.de/shop/lernen/thema-im-unterricht/37027/arbeitsblaetter

Vervollständige die Lücken:

Legislative: - ________ - ________ Exekutive:- ________- ________ Judikative: - __________

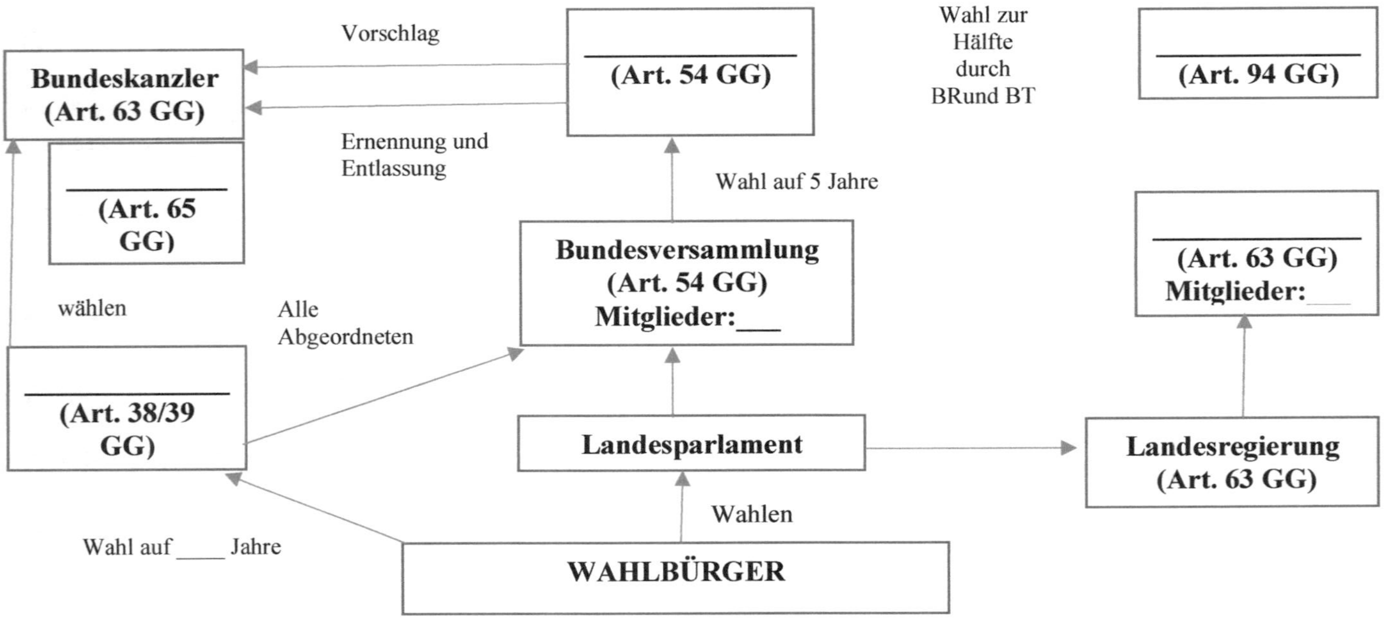

Vorschlag

Ernennung und Entlassung

Bundeskanzler (Art. 63 GG)

________ (Art. 65 GG)

________ (Art. 54 GG)

Wahl zur Hälfte durch BRund BT

________ (Art. 94 GG)

Wahl auf 5 Jahre

wählen

Alle Abgeordneten

Bundesversammlung (Art. 54 GG) Mitglieder:___

________ (Art. 63 GG) Mitglieder:___

________ (Art. 38/39 GG)

Landesparlament

Landesregierung (Art. 63 GG)

Wahlen

Wahl auf ____ Jahre

WAHLBÜRGER

Arbeitsblatt 2:

2a: Gerichtsverhandlung: Rollenkarten

Richter	Verteidigung	Staatsanwaltschaft
- Du entscheidest unabhängig, bist verpflichtet die Gesetze richtig anzuwenden und bist verantwortlich für einen fairen Prozess. - Du leitest durch die Verhandlung. Befolge den Ablaufplan. - Verfasse (im Namen der Staatsanwaltschaft) eine Anklageschrift! Formuliere dazu im Konjunktiv, welche Straftaten dem Angeklagten vorgeworfen werden.	1)Anwalt - Du vertrittst die Interessen deines Mandanten, willst Schaden von ihm abwenden. - Du darfst nichts Falsches sagen. - Ziel: Schuldspruch verhindern. - Du darfst Zeugen, Sachverständige etc. einladen, die deinen Mandanten vor Gericht entlasten. 2)Mandant - Du kannst - außer bei Feststellung deiner Personalien - die Aussage verweigern - Du hast das letzte Wort vor der Urteilsverkündung	- Du vertrittst die Interessen der Bürger und willst Straftaten aufklären. - Du setzt dich täglich mit Straftätern auseinander und denkst daher besonders an die abschreckende Wirkung von Strafen. - Du darfst Zeugen, Sachverständige etc. einladen, die vor Gericht zur Wahrheitsfindung verhelfen (und den Angeklagten eher belasten). - Du musst auch Tatsachen würdigen, die den Angeklagten entlasten.

Zuschauer: Ihr verhaltet euch entsprechend der Würde dieses Hauses. Beachtet den Ablaufplan!

2b: Gerichtsverhandlung: Ablaufplan

- Das Gericht betritt den Saal, alle erheben sich.
- Der vorsitzende Richter (vR) eröffnet die Sitzung und bittet Platz zu nehmen.
- Der vR stellt die Anwesenheit von Angeklagten und Verteidiger fest und befragt den Angeklagten nach dessen Identität.
- Der Staatsanwalt verliest die Anklageschrift.
- Der vR vernimmt den Angeklagten zum Lebenslauf und Tathergang
- Nun können die weiteren Richter, die Staatsanwaltschaft und die Verteidigung das Fragerecht beanspruchen.
- Die Beweisaufnahme wird durch die Vernehmung von Zeugen etc. fortgesetzt.
- Die Beweisaufnahme wird geschlossen.
- Die Staatsanwaltschaft trägt ihr Plädoyer vor, dann die Verteidigung.
- Dem Angeklagten gehört das Schlusswort.
- Das Gericht zieht sich zur Beratung zurück.
- Anschließend verkündet der vR das Urteil („Im Name des Volkes …“).
- Der vR begründet mündlich das Urteil, befragt Staatsanwaltschaft und Verteidigung, ob es angenommen wird, belehrt über Rechte (Revision, Berufung).
- Der vR schließt die Verhandlung.

Quelle: Nußbaum, 2018, Anhang, in Anlehnung u. a. an: TERRAMethoden. Zugriff am 24. April 2019 unter https://www2.klett.de/sixcms/media.php/82/21851_092_093.pdf

Arbeitsblatt 3:

Angebot und Nachfrage - Rollenspiel „Luridom“

3a: Karte für Konsument

	Runde 1		**Runde 2**		**Runde 3**	
Luridom	Preis	Resbudget	Preis	Resbudget	Preis	Restbudget
Nr. 1						
Nr. 2						
Nr. 3						
Nr. 4						
Nr. 5						
Nr. 6						
Nr. 7						
Nr. 8						
Nr. 9						
Nr. 10						

Quelle: Nußbaum, 2018, Anhang, in Anlehnung an: Wirtschaft und Schule. Zugriff am 24. April 2019 unter https://www.wirtschaftundschule.de/unterrichtsmaterialien/unternehmen-und-markt/unterrichtsentwuerfe/marktformen-und-wettbewerb.pdf

3b: Karte für Anbieter

	Runde 1		**Runde 2**		**Runde 3**	
Luridom	Preis	Gewinn	Preis	Gewinn	Preis	Gewinn
Nr. 1						
Nr. 2						
Nr. 3						
Nr. 4						
Nr. 5						
Nr. 6						
Nr. 7						
Nr. 8						
Nr. 9						
Nr. 10						
Nr. 11						
Nr. 12						
Nr. 13						
Nr. 14						
Nr. 15						

Quelle: Nußbaum, 2018, Anhang, in Anlehnung an: Wirtschaft und Schule. Zugriff am 24. April 2019 unter https://www.wirtschaftundschule.de/unterrichtsmaterialien/unternehmen-und-markt/unterrichtsentwuerfe/marktformen-und-wettbewerb.pdf

Arbeitsblatt 4:

Soziale Marktwirtschaft

Material: Lückentexte, Lösungskarten

Aufgaben:

Sucht im Raum nach den Lösungen und notieren diese in eurem Lückentext (Schilbach, 2003).

Vergleicht mit eurem Nachbarn.

Lösungskarten: (für die Schüler nicht mitkopieren)
Bruttosozialproduktes, Volkswirtschaft, Waren und Dienstleistungen, Wirtschaftslage, Produktionssteigerung, günstigen Absatzlage, Investitionen, geringere Nachfrage, Produktion, Abbau/Entlassung, Arbeitsplätzen, höheres, gleichbleibender, steigender, Unterschiede, Umweltbelastung

Lückentext:

1. Wirtschaftswachstum ist die Veränderung des realen ____________________.

2. Bruttosozialprodukt ist die Summe an Sachgütern und Dienstleistungen, die in einer Periode in einer ____________________ erzeugt und zu Marktpreisen bewertet werden.

3. Bruttoinlandsprodukt.ist die Zusammenfassung des Wertes aller ____________________, die innerhalb einer Volkswirtschaft während eines bestimmten Zeitraums (meist ein Jahr) erbracht werden.

4. Konjunktur ist die Lage, die sich aus der Verbindung verschiedener Erscheinungen ergibt. Sie stellt den Verlauf und die Veränderung der ______________ dar.

5. Konjunkturaufschwung ist gekennzeichnet durch Nachfrage und ____________________. Unternehmen rechnen mit einer günstigen ______________ und planen ________________.

6. Konjunkturabschwung ist gekennzeichnet durch eine _______________ Nachfrage und ___________. Dies führt zur ______________ von Arbeitskräften.

7. Die Vor- und Nachteile des Wirtschaftswachstums:
Vorteile: - Sicherung bzw. Zuwachs von ________________, - __________ Einkommen,
- ________________bzw. ______________Lebensstandard.
Nachteile: - starke ______________ in der Einkommens- und Vermögensverteilung,
- zunehmende ____________________.

Zeitfracht Medien GmbH
Ferdinand-Jühlke-Straße 7
99095 Erfurt, Deutschland
produktsicherheit@kolibri360.de